Shaima Almasry
Amr Elfayomy
Magda Eldomiaty

Análise placentária de gravidezes com restrição do crescimento idiopático no KSA

Shaima Almasry
Amr Elfayomy
Magda Eldomiaty

Análise placentária de gravidezes com restrição do crescimento idiopático no KSA

ScienciaScripts

Imprint

Cover image: www.ingimage.com

This book is a translation from the original published under ISBN 978-3-659-82406-7.

Publisher:
Sciencia Scripts
is a trademark of
Dodo Books Indian Ocean Ltd. and OmniScriptum S.R.L publishing group

120 High Road, East Finchley, London, N2 9ED, United Kingdom
Str. Armeneasca 28/1, office 1, Chisinau MD-2012, Republic of Moldova, Europe
Managing Directors: Ieva Konstantinova, Victoria Ursu
info@omniscriptum.com

Printed at: see last page
ISBN: 978-620-8-61468-3

Índice

RESUMO

O parto de um bebé com baixo peso à nascença em resultado de uma restrição do crescimento intrauterino (RCIU) representa um dos principais factores de risco de morbilidade e mortalidade neonatal.

As citocinas inflamatórias, como o fator de necrose tumoral alfa (TNF-α) e a interleucina 6 (IL-6), são notórias por produzirem disfunção endotelial. Tem sido referido que a hipoxia pode levar à elaboração destas potentes citocinas que podem contribuir para a morte celular programada ou activada neste órgão.

Este trabalho analisou os casos de RCIU idiopático sob vários pontos de vista, tentando chegar a propostas de mecanismos para o desenvolvimento destes casos, com o objetivo de propor uma nova conduta e/ou novos pontos de investigação sobre estes casos.

Objectivos da investigação

- Avaliar os níveis circulantes maternos de AM, NE, TNF-α e IL-6 em casos de RCIU idiopático em comparação com casos adequados para a idade gestacional (AIG).
- Identificar a correlação das citocinas inflamatórias; TNF-α e IL-6 com a AM.
- Avaliar a morfologia macroscópica da placenta e as caraterísticas histomorfométricas das vilosidades terminais da placenta e dos respectivos capilares vilosos.
- Estudo das alterações histopatológicas das vilosidades da haste placentária e dos seus vasos.
- Identificar a correlação entre as alterações placentárias acima referidas e o peso de nascimento neonatal e caraterísticas morfológicas selecionadas da placenta, com o objetivo de chegar à patogénese subjacente ao desenvolvimento de RCIU idiopático.

Conceção e metodologia da investigação

- Foram obtidas cerca de 50 placentas de partos normais por via vaginal e por cesariana de RCIU idiopático. O grupo de controlo era constituído por 25 placentas normais de mães com fetos adequados à idade gestacional.
- Foram colhidas amostras de sangue de 5 ml de cada participante, sob controlo completo

condição asséptica para avaliação dos níveis séricos maternos de AM, NE, TNF-α e IL- 6.

- Os espécimes de tecido placentário foram processados para coloração com hematoxilina-eosina para avaliação morfométrica e histopatológica das vilosidades coriónicas utilizando um sistema de análise de imagens.

- Foram utilizadas técnicas imuno-histoquímicas para avaliar a expressão de TNF-α e a deteção de corpos apoptóticos no tecido trofoblástico.

- Análise estatística de todos os resultados obtidos do exame e da análise.

Resultados

- A análise do soro materno revela que as mulheres com RCIU idiopático apresentam níveis séricos significativamente mais elevados de AM, TNF-α e IL-6 do que as do grupo AGA, mas o nível sérico de NE foi insignificantemente mais elevado no grupo RCIU. Nos casos de RCIU idiopático, existe uma correlação significativa entre os níveis plasmáticos de AM e TNF-α, mas não entre os níveis plasmáticos de AM e IL-6.

- O estudo histopatológico das vilosidades da placenta revela que a vilite e as alterações degenerativas nas vilosidades são significativamente mais elevadas nos casos de RCIU idiopático do que nos casos de controlo. Foi detectada uma correlação positiva entre o peso fetal à nascença e diferentes caraterísticas patológicas das vilosidades estaminais, como o número de artérias estaminais, o estreitamento arterial, a vilite e as alterações degenerativas das vilosidades estaminais.

- A análise morfométrica das vilosidades terminais da placenta revela que o RCIU idiopático está associado a um crescimento reduzido das vilosidades terminais, acompanhado de alterações nas medidas de capilarização das vilosidades, em comparação com as placentas de controlo. Foi detectada uma correlação positiva significativa entre o peso à nascença e o número de capilares das vilosidades terminais.

- Ao analisar o tecido placentário, o TNF-α determina a sua localização tanto nas decíduas como nas vilosidades coriónicas, com uma percentagem média da área de imunomarcação do TNF-α significativamente mais elevada no grupo RCIU idiopático em comparação com o grupo de controlo. É importante notar que os TGCs das amostras de controlo apresentam uma imunoexpressão de TNF-α deficiente ou negativa, enquanto os do grupo RCIU apresentam uma coloração positiva.

- O estudo da apoptose no tecido placentário mostra que a apoptose é mais abundante nos trofoblastos e prova que a taxa de apoptose é significativamente mais elevada nos tecidos placentários de gravidezes complicadas com RCIU idiopático do que nas placentas de gravidezes normais não complicadas.

Conclusões

- Estes resultados podem levantar a hipótese de que as vilosidades estaminais, mais do que as vilosidades terminais, podem representar o mistério do desenvolvimento de RCIU idiopático. A diminuição do número de artérias estaminais e/ou o seu estreitamento podem ser os mecanismos causadores da diminuição do peso à nascença e do desenvolvimento de RCIU idiopático na Arábia Saudita, podendo também a degeneração das vilosidades estaminais e a vilite de etiologia desconhecida ser mecanismos subjacentes.

- Através deste estudo, propõe-se que o aumento da taxa de apoptose no trofoblasto possa ter um papel importante na patogénese do RCIU. O aumento do TNF-α sérico materno e a expressão placentária aumentada desta citocina, que tem uma forte atividade pró-inflamatória, podem representar o mecanismo subjacente ao desenvolvimento de vilite e ao aumento da taxa de apoptose.

Recomendações

- O nível sérico materno de citocinas pode servir como marcadores bioquímicos úteis para o RCIU idiopático e devem ser efectuados estudos experimentais para determinar o efeito do aumento do TNF-α como citocina inflamatória no desenvolvimento fetal e os possíveis efeitos opostos das citocinas anti-inflamatórias.

- As vilosidades estaminais, mais do que as vilosidades terminais, devem constituir o centro das atenções da investigação para determinar o mecanismo causal do RCIU. Também as células gigantes trofoblásticas devem ser objeto de experiências para determinar o seu papel na secreção de citocinas.

1. INTRODUÇÃO

A placenta é o órgão vital para manter a gravidez e promover o desenvolvimento normal do feto. A existência intra-uterina do feto depende da placenta. A única e mais importante causa de perda neonatal é o baixo peso à nascença. Os bebés com restrição do crescimento intrauterino (RCIU) ou bebés pequenos para a idade (PCD) são um grupo de bebés com baixo peso à nascença que têm uma taxa de crescimento reduzida. O RCIU afecta um número considerável de recém-nascidos em todo o mundo, principalmente nos países em desenvolvimento. A incidência total de RCIU foi de 13,3% e 8,1% foram classificados como RCIU inexplicável (Villar et al., 2005). De Onis et al. (1998) estimaram que, todos os anos, pelo menos 13,7 milhões de bebés nos países em desenvolvimento já se encontram subnutridos à nascença (RCIU-Baixo peso à nascença), o que representa 11% (variando entre 1,9% e 20,9%) de todos os recém-nascidos nesses países. A incidência de RCIU-BPN é cerca de 6 vezes mais elevada nos países em desenvolvimento do que nos países desenvolvidos (Villar et al., 1994). Na Arábia Saudita e noutros países em desenvolvimento, verificou-se que o nível educacional, a atividade física, o rendimento familiar anual e o alojamento das mulheres grávidas eram estatisticamente significativos na causa do RCIU.

As etiologias do RCIU dos fetos são numerosas, mas, nalguns casos, não existem causas fetais ou maternas óbvias. As placentas destes bebés com atraso de crescimento intrauterino "idiopático" podem dar uma pista sobre a etiologia do atraso de crescimento. A contribuição das alterações placentárias para as gravidezes que resultam no nascimento de fetos com crescimento intrauterino restrito permanece controversa (Biswas e Ghosh, 2008).

O processo de implantação e placentação requer a produção de uma infinidade de factores. Acredita-se que a família de genes do fator de necrose tumoral (TNF) participa nestes processos através da regulação de genes envolvidos na apoptose (morte celular programada), bem como noutras funções críticas da placenta, como a produção de hormonas (Hunt et al., 1996). O TNF está entre os ligandos indutores de apoptose que são transcritos e traduzidos nas placentas humanas (Chen et al., 1991; Phillips et al., 2001; Gill et al., 2002; Gill e Hunt, 2004).

A apoptose é um processo fisiológico no desenvolvimento, na homeostase dos tecidos e na doença. A apoptose é um evento normal em vários tecidos reprodutivos, incluindo a placenta humana (Choi et al., 2003). A apoptose ocorre no trofoblasto viloso de placentas normais durante toda a gravidez, mas com maior frequência perto do termo. Em gravidezes complicadas por RCIU, foi observada uma maior incidência de apoptose do trofoblasto viloso e extraviloso, sugerindo que a desregulação da apoptose do trofoblasto pode contribuir para condições patológicas.

2. CONCEPÇÃO E METODOLOGIA

Detalhes do assunto

Os casos foram selecionados em 2 hospitais universitários; "Al-Madinah Maternity and Children Hospital" e Ohoud Hospital", entre abril de 2010 e março de 2011. Este estudo de caso-controlo foi aprovado pelo "Comité Local de Investigação em Ciências Médicas e da Saúde". Foram recolhidas placentas de partos normais e cesarianas de recém-nascidos a termo. 50 placentas estavam associadas a bebés únicos com RCIU idiopático e 25 eram gestações de controlo de bebés únicos com peso normal. Os casos de controlo foram selecionados para corresponder aos casos de RCIU de acordo com a gestação. As placentas foram obtidas de mulheres grávidas que deram o seu consentimento. Para eliminar os efeitos de confusão do nascimento prematuro, apenas foram selecionados para este estudo casos de bebés de termo (>37 semanas). A gestação, tanto para as mulheres com RCIU como para as mulheres de controlo, foi calculada a partir das datas do último período menstrual e confirmada por um exame de ultra-sons realizado entre as 11 e as 13 semanas de gestação (Hadlock et al. 1992).

Os critérios de inclusão para os casos de RCIU foram: peso fetal por ultrassonografia seriada abaixo do percentil 10 para a idade gestacional (Hadlock et al. 1992) e quaisquer dois dos seguintes critérios diagnosticados na ultrassonografia pré-natal; velocimetria de fluxo Doppler da artéria umbilical anormal, oligoidrâmnio conforme determinado pelo índice de líquido amniótico (AFI) <5 (Cunningham et al. 2010) ou crescimento assimétrico do feto conforme quantificado a partir da relação entre o perímetro cefálico e o perímetro abdominal. A restrição do crescimento foi confirmada à nascença se o peso neonatal fosse inferior ao percentil 10 (Williams et al. 1982; OMS, 1995).

Os critérios de exclusão tanto para os casos de RCIU como para os casos de controlo foram gravidezes múltiplas, tabagismo materno, pré-eclâmpsia, rutura prolongada das membranas, descolamento prematuro da placenta, infeção viral intra-uterina, anomalias congénitas fetais, síndromes genéticas, doenças auto-imunes maternas e diabetes. Assim, a nossa população com RCIU é considerada idiopática.

Questões éticas

Antes do início do estudo, foi obtida a aprovação do protocolo de investigação junto dos médicos responsáveis pelas clínicas pré-natais.

A participação no estudo era opcional e foi obtido o consentimento informado por escrito das mulheres participantes. Os comités de ética locais aprovaram o estudo. Foi administrado um questionário abrangente a todos os indivíduos que consentiram em participar no estudo para mostrar a história completa do caso e suspeitar de factores ambientais ou genéticos que possam causar RCIU.

Amostras de sangue

Foram colhidos 5 ml de amostras de sangue de cada participante durante a primeira fase do trabalho de parto, ou antes de receber anestesia em casos de cesariana electiva, sob condições assépticas completas, e deixados durante 30-60 minutos para coagulação espontânea à temperatura ambiente e depois centrifugados a 3000 rpm durante 10 minutos. As amostras de soro foram separadas noutro conjunto de tubos e mantidas congeladas a - 80°C para determinação do nível sérico materno de AM, TNF-α, IL-6 e NE.

Deteção de TNF-α, AM, IL-6 e NE no plasma materno através de imunoensaio enzimático (EIA) (Hailman et al., 1996)

1. Preparar soluções de trabalho do conjugado (TNF-α, AM, IL-6 e NE)-HRP e do tampão de lavagem.
2. Retirar o número necessário de tiras de micropoços. Voltar a fechar o saco e colocar as tiras não utilizadas no frigorífico.
3. Pipetar, em duplicado, 50μl de cada calibrador, controlo e amostra para os alvéolos identificados de forma correspondente.
4. Pipetar 100 μl da solução de trabalho do conjugado para cada poço (recomenda-se a utilização de uma pipeta multicanal).
5. Incubar num agitador de placas (cerca de 200 rpm) durante 1 hora à temperatura ambiente.
6. Lavar os poços 3 vezes com 300 μl de tampão de lavagem diluído por poço e bater a placa firmemente contra papel absorvente para garantir que está seca (recomenda-se a utilização de uma máquina de lavar).
7. Pipetar 150μl de substrato TMB para cada poço em intervalos de tempo.
8. Incubar num agitador de placas durante 10-15 minutos à temperatura ambiente (ou até o calibrador A atingir uma cor azul escura para a DO desejada).
9. Pipetar 50μl de solução de paragem em cada poço nos mesmos intervalos de tempo que na etapa 7.

10) Ler a placa num leitor de placas de micropoços a 450 nm nos 20 minutos seguintes à adição da solução de paragem.

Exame morfológico da placenta

As placentas e as membranas foram cortadas até às margens da placenta. As placentas foram secas com papel absorvente e foram registados os seguintes dados:

- Posições de inserção dos cordões umbilicais.

- Diâmetros da placenta ao longo de dois eixos, perpendiculares entre si, por meio de fita métrica. De seguida, foi calculada a média dos dois diâmetros para fins estatísticos.

- Coeficiente placentário (= Peso placentário em gramas +■ Peso ao nascer em gramas).

- Hematomas e manchas fibróticas.

Amostras de tecido

As amostras de placenta foram obtidas através de um procedimento padrão; um cubo de tecido placentário de profundidade total de um disco placentário macroscopicamente normal, a 5 cm da inserção do cordão umbilical (Fig. 1). Cada cubo de tecido foi processado em cera utilizando técnicas laboratoriais de rotina. Os blocos de parafina foram cortados com 4 mm de espessura e processados para coloração com hematoxilina-eosina (HE), efectuada de acordo com os procedimentos convencionais.

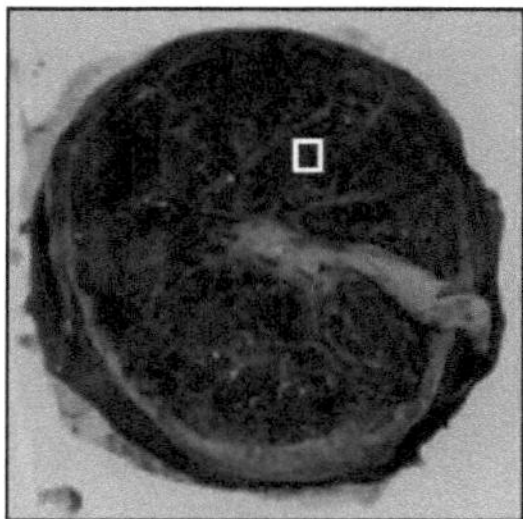

Fig. 1: Fotomicrografia de placenta normal mostrando: excisão da amostra em forma de cubo do disco placentário macroscopicamente normal, a 5 cm da inserção do cordão umbilical.

Coloração com hematoxilina e eosina

Os espécimes placentários foram fixados durante um mínimo de 24 horas em formalina tamponada a 10% e depois processados em álcool (90%, 100%), clorofórmio e cera, num processador automático de tecidos Reichert, antes de serem incorporados em cera. As secções histológicas foram cortadas de cada bloco, cada uma com 5 µm de espessura. As secções foram desparafinadas com xileno e re-hidratadas através de uma série decrescente de álcool. Secções adjacentes de cinco micrómetros foram coradas com HE de Harris. Todas as secções foram examinadas quanto à estrutura dos tecidos placentários e fotografadas.

Análise placentária

Foram efectuadas medidas morfométricas em 75 blocos: 50 de RCIU idiopático e 25 de placentas de controlo. O mesmo investigador efectuou todas as análises às cegas. As medições morfológicas foram efectuadas com um analisador de imagem (Leica Q Win standard, câmara digital CH-9435 DFC 290, Alemanha). Foram contados cinco campos/lâmina, evitando áreas de enfarte placentário, áreas de deposição de fibrina intervilosa e artefactos histológicos (Giles et al., 1985). As possibilidades técnicas oferecidas pelo sistema de análise de imagem, que permitem o controlo visual e o processamento estatístico simultâneo dos dados de medição, possibilitam o registo de dados quantitativos complexos relativos às caraterísticas das vilosidades terminais.

Vilosidades terminais referem-se a vilosidades <80 µm de diâmetro e abrangem vilosidades mesenquimais terminais e menores e vilosidades intermediárias maduras (Mayhew, 2002). As vilosidades terminais e os capilares vilosos encontrados totalmente dentro do campo microscópico (área = 786432,0 µ2) foram usados para comparação de grupos. As áreas total e média (µ2) foram medidas e o número de vilosidades terminais e capilares vilosos foi contado (Giles et al. 1985). As áreas médias das vilosidades e capilares vilosos foram calculadas pelo rácio entre a área total e o número de vilosidades ou vasos no campo. O índice de capilarização (%) foi definido como a área total de capilares vilosos e a relação de vilosidades terminais (área total vascular/área total vilosa x100) (Mayhew et al. 1994) (Fig. 2).

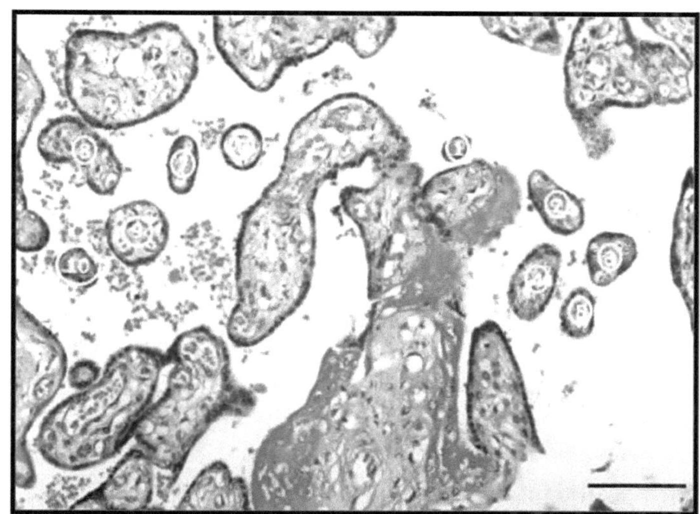

Fig. 2: Fotomicrografia das vilosidades terminais da placenta e dos vasos vilosos. Vilosidades terminais (<80 μm de diâmetro) totalmente dentro do campo e uniformes para análise morfométrica; área total das vilosidades terminais = 1+2+3+4+5+6+7+8+9+10; área média das vilosidades = (1+2+3+4+5+6+7+8+9+10)/10 (HE, x200; barra: 100 gm).

Exame histopatológico

Foram examinados os espaços intervilosos das placentas dos casos de RCIU de controlo e idiopático. Foram selecionadas vilosidades completas com secção transversal e núcleo de tecido conjuntivo para exame dos seguintes aspectos I. as vilosidades do caule para; a) o número de artérias do caule. B) quaisquer achados patológicos nas artérias estaminais como degeneração, herniação, dissecção da parede e/ou trombose. C) alterações patológicas no interstício das vilosidades estaminais, como hialinização ou fibrose. II. as vilosidades terminais quanto a alterações fibróticas.

Para o estudo estatístico, o exame foi realizado em 5 campos diferentes de alta potência (x200) selecionados aleatoriamente de cada espécime. A pontuação da Tabela 1 foi utilizada para determinar algumas caraterísticas patológicas tanto nos casos de RCIU como nos casos de controlo.

Tabela 1: A pontuação para a determinação de algumas caraterísticas patológicas nas placentas de casos de RCIU e de controlo

A caraterística patológica	A pontuação	
Estreitamento das artérias do tronco	Em mais de 2 campos	Positiv o
	Em menos de 2 campos	Negativo
Vilite das vilosidades do tronco (presença de infiltração celular) (foram excluídas as lesões de baixo grau que afectam menos de 10 vilosidades por foco)	Em 2 campos ou mais ± alterações degenerativas nas vilosidades do caule	Positiv o
	Em menos de 2 campos	Negativo
Fibrose das vilosidades terminais	Em mais de 2 campos	Positiv o
	Em menos de 2 campos	Negativo

Coloração imunohistoquímica de TNF-α

Secções de 3 μm de espessura foram cortadas por micrótomo e recolhidas em lâminas revestidas com poli-L-lisina e analisadas com uma técnica de imunoperoxidase. Resumidamente, depois de as lâminas terem sido desparafinizadas, foram imersas em solução salina tamponada com fosfato durante 10 minutos à temperatura ambiente e, em seguida, tratadas com H2O2 a 0,3% em metanol absoluto durante 20 minutos à temperatura ambiente para bloquear a atividade da peroxidase endógena. Após lavagem com PBS, a imunocoloração foi efectuada com anticorpos monoclonais de ratinho anti-humano TNF-α (MAb-IgG1-9F274 purificado) (0,5 mg/ml), (USBiological, T9160-

21B). Para localizar a ligação do anticorpo primário, as lâminas foram incubadas com os kits universais de anticorpos secundários anti-rato obtidos da Zymed Corporation. As secções incubadas sem o anticorpo primário foram incluídas como controlos negativos em todas as experiências (Kiernan 1999). Em seguida, as secções foram incubadas com reagente DAB e contra-coradas com hematoxilina e cobertas com meio de montagem Protex (DAB-Stock Stain box; Boster Biotechnology).

Avaliação da imunoexpressão de TNF-α

As secções de tecido foram examinadas utilizando um microscópio ótico com uma ampliação de 200x para o rastreio inicial. As medições foram efectuadas com uma ampliação de 400x. Para cada espécime, foram selecionados aleatoriamente 5 campos de alta potência, fotografados e armazenados. As imagens digitalizadas foram examinadas por 2 investigadores num ecrã a cores de alta resolução. Uma reação positiva para a proteína TNF-α foi detectada como uma granulação amarela castanha nas membranas celulares e no citoplasma. As células negativas apresentavam uma estrutura celular clara sem granulação castanha na membrana celular e no citoplasma (Yu et al., 2007). A percentagem de área da imunorreação do TNF-α foi medida com o Image Analyzer (Leica Q Win standard, câmara digital CH-9435 DFC 290, Alemanha), utilizando as possibilidades técnicas oferecidas pelos sistemas de análise de imagens que permitem o controlo visual e o processamento estatístico simultâneo dos dados de medição e possibilitam o registo de dados quantitativos complexos relativos à percentagem de área do grau normalizado de imunomarcação castanha para todas as lâminas.

Imuno-histoquímica para marcação de extremidades de corte com dUTP mediada por Terminal Deoxynucleotidyl Transferase (TdT) para apoptose; Procedimento de coloração (Recomendado pela Ventana Company):

1. Carregar as lâminas, o anticorpo e os dispensadores do kit de deteção iView™ no instrumento BenchMark.
2. Selecionar CC1 Pré-tratamento padrão.
3. A incubação dos anticorpos deve ser efectuada durante 32 minutos a 37° C.
4. Iniciar a corrida.
5. Quando a coloração estiver concluída, retirar as lâminas do instrumento e enxaguar bem com tampão de lavagem.
6. Folha de rosto.

A abordagem imunohistoquímica da apoptose envolve a deteção de ADN genómico marcado com digoxigenina em tecidos fixados por uma imunoperoxidase. O alvo marcado é a multiplicidade de extremidades de ADN 3'OH produzidas por fragmentos de ADN, uma caraterística da apoptose. Estes fragmentos estão normalmente localizados em núcleos morfologicamente identificáveis e em corpos apoptóticos. Os corpos apoptóticos foram marcados por precipitados castanhos a pretos e classificados como: 0, sem coloração; 1+, menos de 50% de coloração nas células; 2+, 50% ou mais de coloração nas células (Rivera et al. 1998; Sur et al. 2007).

Estudo de análise de imagem assistida por computador

A análise assistida por computador foi efectuada conforme descrito anteriormente (Bocci et al., 2001). As imagens foram digitalizadas numa matriz de 512 × 512 pixels, utilizando uma câmara de vídeo a cores e um processador de microcomputador. As imagens digitalizadas foram visualizadas num ecrã a cores de alta resolução. O pacote de software de análise de imagens a cores reais utilizando o sistema de análise de imagens (Leica Imaging System, Suíça e Alemanha) foi utilizado para a manipulação, quantificação das imagens e recolha de dados.

Foram introduzidos sistemas informatizados de análise de imagens para minimizar a subjetividade na quantificação das células positivas coradas por imunohistoquímica de TNF-α e na contagem de corpos apoptóticos. Além disso, foi utilizado para contar e medir as áreas das vilosidades coriónicas e dos vasos vilosos coriónicos em cinco campos diferentes selecionados aleatoriamente.

Análise estatística

A análise estatística foi efectuada utilizando o pacote estatístico SPSS (versão 13). Os dados demográficos e imunohistoquímicos foram expressos como média ± SEM. A significância das diferenças entre os grupos foi calculada utilizando o teste t de Student independente e o teste U de Mann-Whitney.

3. RESULTADOS E DISCUSSÃO

Critérios clínicos dos casos

As caraterísticas clínicas dos grupos estudados são apresentadas na Tabela (2). As mulheres dos grupos de controlo e de RCIU idiopático têm uma idade média de 29,75 anos e 28,64 anos, respetivamente, não havendo um efeito significativo da idade no RCIU (p=0,264). Não existem diferenças significativas entre os dois grupos relativamente à paridade (p=0,062), ao modo de parto (p=0,297) ou ao sexo dos recém-nascidos (p=0,865). Foi encontrada uma diferença significativa entre os dois grupos relativamente ao peso fetal à nascença (p=0,000).

Tabela 2: Dados demográficos e resultados obstétricos gerais nos grupos estudados

Variáveis	RCIU idiopático grupo (n=50)	Grupo de controlo (n=25)	Valor P
Idade materna (anos) (média ± SEM)	28.64±0.58	29.75±0.79	0.264
Idade gestacional (semanas)	38.11±0.13	38.88 ±0.19	1.001*
Paridade (n.º e %) **Primíparas** **Multiparas**	 34 (68%) 22 (88%)	 16 (32%) 3 (12%)	0.062
Modo de parto (n.º e %) **Parto vaginal** **Cesariana**	 32 (64%) 18 (36%)	 19 (76%) 6 (24%)	0.297
Sexo do recém-nascido (n.º e %) Masculino Feminino	17 (34%) 33 (36%)	9 (36%) 16 (64%)	0.865
Peso ao nascer (gm) (média ± SEM)	2203.59±39.08	3396.47±62.43	* 0.000

Os dados são apresentados como média± erro padrão das médias (SEM). A significância foi considerada como P<0,05 para o teste t de amostras independentes (*). RCIU: restrição de crescimento intrauterino.

A. ANÁLISE DO NÍVEL SÉRICO DE AM, NE E CITOCINAS INFLAMATÓRIAS; TNF-α E IL-6

Como se pode ver na Tabela (3) e no Diagrama (1), as mulheres com RCIU idiopático apresentam níveis séricos significativamente mais elevados de AM (p=0,008), TNF-α (p=0,016) e IL-6 (p=0,029) no grupo RCIU idiopático do que no grupo de controlo. O nível sérico de NE foi mais elevado no grupo RCIU em comparação com o grupo de controlo, mas a diferença não atingiu um nível de significância (p=0,269).

Curiosamente, existe uma correlação significativa entre os níveis plasmáticos de AM e TNF-α (r=0,417, p=0,003) em casos de RCIU idiopático. Por outro lado, não existe uma correlação significativa entre os níveis plasmáticos de AM e IL-6 (Diagramas 2, 3).

Tabela 3: Níveis médios de AM, NE, TNF-α e IL-6 no plasma materno de partos normais e RCIU

Variável	RCIU idiopático grupo (n=50)	Controlo grupo (n=25)	Valor P
AM (pg/ml) (média ± SEM)	64.21±3.12	49.54± 4.27	0.008*
NE (pg/ml) (média ± SEM)	8.26 ± 1.07	6.39 ± 1.29	0.294
TNF-α (pg/ml) (média ± SEM)	4.27±0.37	2.94± 0.13	0.016*
IL-6 (pg/ml) (média ± SEM)	64.93±7.16	40.26±6.29	0.029*

Os dados são expressos como média± SEM. *A significância foi considerada como P<0,05 para o teste-t de amostras independentes. AM: adrenomedulina; NE: norepinefrina; TNF-α: fator de necrose tumoral alfa; IL-6: interleucina-6; RCIU: restrição de crescimento intrauterino.

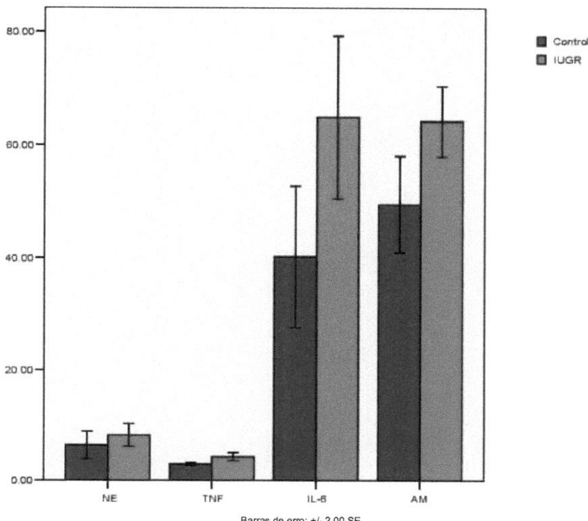

Diagrama 1: Os dados representam a média +/- SEM dos níveis séricos maternos de NE (norepinefrina), TNF-α (fator de necrose tumoral-alfa), IL-6 (interleucina-6) e AM (adrenomedulina). Significância da diferença entre os grupos a p<0,05.RCIU: restrição de crescimento intrauterino.

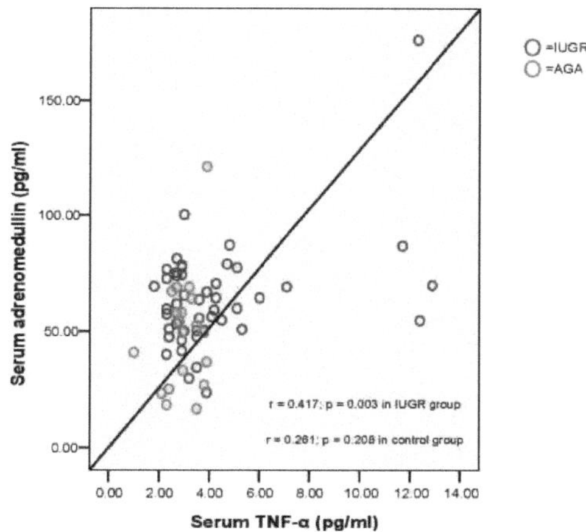

Diagrama 2: Análise de correlação de AM para TNF-α no plasma materno de partos normais e RCIU.

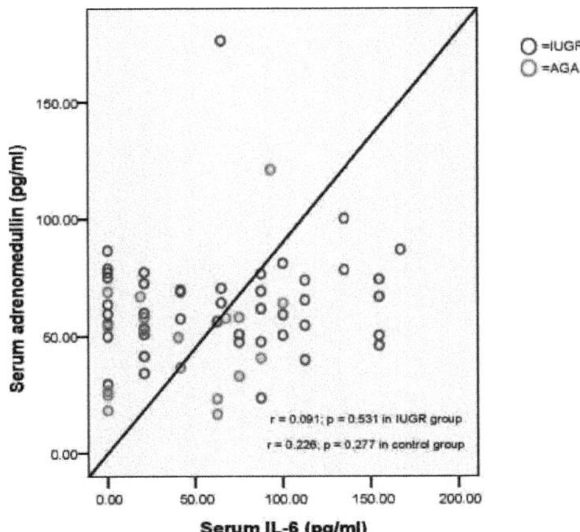

Diagrama 3: Análise de correlação entre AM e IL-6 no plasma materno de partos normais e RCIU.

4. DISCUSSÃO

Achado bioquímico de TNF-α

Uma das principais conclusões deste trabalho da Arábia Saudita é o facto de o nível plasmático de TNF-α estar significativamente regulado em alta no plasma dos casos de RCIU idiopático. A regulação positiva do TNF foi postulada como um mecanismo de sobrevivência no feto RCIU, ao induzir resistência à insulina muscular, permitindo assim que a glucose seja poupada para o metabolismo cerebral (Briana e Malamitsi-Puchner, 2009). Isto está de acordo com Heyborne et al., (1992) e Stallmach et al., (1995) que encontraram níveis anormalmente elevados de TNF-α no líquido amniótico em pacientes com RCIU. Além disso, Holcberga et al. (2001) utilizaram um sistema de modelo de perfusão e descobriram que as placentas RCIU podem ter a capacidade de libertar mais TNF do que as placentas normais após estimulação com angiotensina II.

Por outro lado, Schiff et al., (1994) e Opsjon et al., (1995) avaliaram o nível plasmático materno e fetal de TNF-α em gestações associadas a recém-nascidos pequenos para a idade gestacional. Ambos estudaram apenas recém-nascidos com atraso de crescimento idiopático e encontraram níveis plasmáticos de TNF-α diminuídos (Schiff et al., 1994) ou normais (Opsjon et al., 1995). Seremak-Mrozikiewicz et al., (2008) acrescentaram que o aumento da impedância vascular da artéria umbilical e os sinais de preservação do cérebro podem estar relacionados com o RCIU e com o aumento do nível de TNF-alfa no soro maternoO TNF-α está presente no sangue fetal humano durante toda a gravidez, bem como no líquido amniótico e no sangue materno (Vince et al., 1992). Vários factores poderiam explicar a presença desta citocina inflamatória no plasma de mulheres grávidas normais, por exemplo, os estímulos imunológicos que ocorrem como parte da adaptação do sistema imunitário à gravidez, bem como as respostas inflamatórias locais iniciadas no útero no local de implantação devido à entrada do trofoblasto altamente invasivo (Pijnenborg et al., 1998).

As concentrações de TNF parecem determinar se a citocina exerce efeitos benéficos ou prejudiciais e deve existir um padrão de interação complexo entre a concentração de TNF, o tipo de tecido e de célula, a distribuição dos receptores de TNF e a duração da estimulação do TNF que conduz a uma reação fisiológica ou patológica específica (Haider e KnOfler, 2009).

No presente trabalho, a análise histopatológica da placenta RCIU revelou a vilite de etiologia desconhecida (VUE) como um provável mecanismo de RCIU, o que corrobora os achados de Raymond & Redline, (2007). Isto pode estar relacionado com o aumento do nível de TNF-α no soro materno devido à sua forte atividade pró-inflamatória. Além disso, o TNF-α elevado poderia potencialmente promover a ativação das células endoteliais, o que também está a ser discutido em relação ao RCIU (Johnson et al., 2002). Chen et al., (1996) e Meekins et al., (1994) acrescentaram que o TNF desempenha um papel significativo na alteração do equilíbrio entre oxidantes e antioxidantes, no padrão de produção de prostaglandinas e na expressão de moléculas de adesão nos vasos sanguíneos.

Achados bioquímicos de IL-6, AM e NE

Neste estudo, foi avaliado o sistema simpatoadrenal no RCIU idiopático. A função do sistema simpático-adrenal pode estar alterada após RCIU. Nesta situação, há uma diminuição do fornecimento de oxigénio ao feto durante um período prolongado, o que se pensa ser o principal fator causal, uma visão que tem recebido apoio experimental recente (Boyle et al., 1996; Murotsuki et al., 1997). Neste estudo, a NE estava aumentada nos doentes com RCIU. Considera-se que as alterações na sua produção pelo sistema nervoso simpático e pela medula suprarrenal desempenham um papel muito importante na adaptação do feto a uma menor disponibilidade de oxigénio. Em concordância com este estudo, o aumento das concentrações plasmáticas fetais de Epi e NE tem sido observado em modelos experimentais de atraso de crescimento intrauterino (Bassett e Hanson, 1998), bem como durante a hipoxemia fetal (Gagnon et al., 1997; Stonestreet et al., 1995), e tem sido geralmente considerado que o aumento das concentrações de catecolaminas desempenha um papel importante no processo de adaptação do feto a uma disponibilidade inadequada de oxigénio e de substratos metabólicos. Estas observações fornecem provas inequívocas de que os aumentos acentuados das concentrações de Epi e NE observados no feto durante a hipoxemia ou outras condições nutricionais adversas intra-uterinas contribuem diretamente para o atraso desproporcionado do desenvolvimento fetal observado nestas situações, independentemente de qualquer limitação no fornecimento de substrato ou oxigénio (Bassett e Hanson, 1998).

Tinkanen et al. (1993) verificaram que os níveis de NE no plasma eram significativamente mais elevados em doentes com pré-eclampsia do que em mulheres com uma gravidez normal. Além disso, os níveis de NE no sangue eram significativamente mais elevados nas doentes com hipertensão grave induzida pela gravidez do que nos indivíduos do grupo de controlo, mas não nos casos moderados. Os níveis de NE no plasma estavam aumentados nas doentes com HPI moderada, mas não atingiram um significado estatístico em comparação com o grupo de controlo (Zhang, 2001).

A adrenomedulina é um potente péptido vasodilatador que exerce uma ação vasorelaxante de longa duração (Akturk et al., 2007). Devido ao seu potencial papel na regulação do fluxo sanguíneo sistémico e placentário, vários autores investigaram a produção de AM no RCIU, tendo sido relatados resultados controversos. Neste estudo, o nível plasmático de AM foi significativamente mais elevado em doentes com RCIU do que em indivíduos de controlo. No entanto, o nível plasmático materno de AM estava aumentado no RCIU do que nos grupos de controlo, sem diferenças estatisticamente significativas (Di Iorio et al., 2000; Di Iorio et al., 2003; Akturk et al., 2007). Nossas observações apoiam a hipótese de que um aumento na secreção de adrenomedulina no RCIU pode ser um mecanismo compensatório na isquemia fetoplacentária ou no fluxo sanguíneo prejudicado na circulação uteroplacentária ou fetal. Além disso, Upton et al. (1997) mencionaram que o AM é conhecido por reduzir a resposta contrátil do útero isolado de rato, que possui locais de ligação ao AM. Considera-se que o aumento fisiológico do AM plasmático durante a gravidez suprime a contração uterina e aumenta a perfusão uterina (Hinson et al. 2000).

Na perda de gravidez recorrente, Nakatsuka et al. (2003) observaram que o AM no plasma está aumentado. Supuseram que este péptido pode servir de marcador bioquímico para identificar mulheres com perda de gravidez recorrente associada a uma perfusão uterina deficiente. O nível plasmático de adrenomedulina está elevado em várias doenças, incluindo hipertensão, diabetes, choque sético ou lúpus eritematoso sistémico, que estão frequentemente associados a processos patológicos da vasculatura. Estes relatórios sugerem que a adrenomedulina plasmática pode aumentar em compensação da disfunção vascular (Jougasaki e Burnett, 2000; Cheung et al., 2000)

Pensa-se também que as citocinas desempenham um papel importante no desenvolvimento e crescimento da placenta, embora estejam pouco estudadas. A placenta produz citocinas pró-inflamatórias, como IL-6 e TNF-α (Dudley et al., 1992), e as células da decídua humana, in vitro, secretam IL-6, que aumenta acentuadamente após estimulação com IL-1a , IL-1B e TNF-α (Meisser et al., 1999). Neste estudo, a IL-6 estava aumentada nos doentes com RCIU. Além disso, verificou-se que a IL-6 estava aumentada em mulheres com RCIU (Street et al., 2006; Tosun et al., 2010), embora outros estudos não tenham confirmado estes resultados, foram documentados níveis reduzidos de IL-6 no RCIU (Odegard et al., 2001). Poder-se-ia especular que, possivelmente devido à hipóxia e/ou à deficiência de nutrientes no primeiro caso e à função prejudicada dos trofoblastos e à insuficiência placentária grave no segundo caso, apoiando a hipótese de que a IL6 pode estar relacionada com o crescimento fetal na interface feto-materna. No entanto, Bartha et al. (2003) verificaram que os níveis séricos de IL-6 eram semelhantes nos grupos estudados. Nos seres humanos, a pré-eclâmpsia também é caracterizada por modificações dos factores de crescimento e das citocinas. Várias citocinas, como o TNF-α e a IL-Iβ, estão aumentadas na placenta, (Grimble, 2002; Tosun et al., 2010).

Pode colocar-se a hipótese de a insuficiência placentária em casos de RCIU poder ser causada por um fenómeno imunológico. A elevação da citocina IL-6 poderia ser um fenómeno específico de certos subgrupos de RCIU que identificam casos de disfunção placentária.

A regulação do AM por citocinas tem sido amplamente estudada em várias células animais (Hinson et al., 2000), mas não há dados disponíveis sobre sua regulação na placenta. Devido aos possíveis papéis dessas citocinas na biologia e na fisiopatologia da placenta, quisemos determinar seus efeitos sobre a secreção de AM. Li et al. (2003) estudaram esse efeito na pré-eclâmpsia. A hipóxia é considerada um fator etiológico provável na PE (Roberts et al., 2001; Marinoni et al., 2011). Sabe-se também que o AM é provavelmente um gene induzido por hipóxia (Cormier-Regard et al., 1998). Além disso, no RCIU, há hipóxia e aumento da apoptose, caraterísticas da doença (Huppertz et al., 1998; Huppertz et al., 1999). Isso pode explicar a correlação positiva entre o AM e a citocina IL-6 no presente estudo.

As discrepâncias entre estudos podem ser explicadas pelo número de casos, pela seleção da amostra ou pela utilização de diferentes sistemas de imunoensaio em diferentes estudos. Estes factores devem ser tidos em conta no planeamento de estudos futuros. Além disso, o RCIU é uma condição heterogénea que inclui uma grande variedade de situações, desde bebés fisiologicamente pequenos para a idade gestacional até condições anormais, incluindo casos de malformações fetais, infecções ou insuficiência placentária. Este facto pode explicar as diferenças nos resultados de estudos anteriores. No entanto, a realização de mais estudos que incluam um maior número de casos poderá ajudar a clarificar definitivamente as relações entre AM, EP ou IL-6 e a insuficiência placentária e a avaliar o valor preditivo destes marcadores biológicos nas situações de diagnóstico e terapêutica.

Em conclusão, as gravidezes IUGR idiopáticas na Arábia Saudita estão associadas a um aumento dos níveis circulatórios da citocina pró-inflamatória TNF-α no plasma materno. Isto pode indicar uma via comum na patogénese do RCIU. A utilização de modelos animais para investigar potenciais agentes anti-inflamatórios em resultados reprodutivos adversos pode ser benéfica para apoiar esta hipótese.

B. MORFOLOGIA MACROSCÓPICA DA PLACENTA

Os diâmetros médios das placentas a partir de dois eixos são 16,3 cm x 15,17 cm (média: 15,73 ± 0,17) nas placentas de RCIU idiopático e 17,69 cm x 16,72 cm (média: 17,20 ± 0,23) nas placentas de controlo. As placentas associadas ao RCIU idiopático são significativamente (p=0,000) mais pequenas em diâmetro do que as do grupo de controlo. O peso à nascença está significativamente correlacionado com os diâmetros médios da placenta (r=0,619; p=0,000) (Tabela 4; Diagrama 4).

Os pesos médios da placenta são significativamente (p=0,000) mais baixos nos recém-nascidos com RCIU idiopático. O peso à nascença está significativamente correlacionado com o peso da placenta (r=0,650; p=0,000). Os pesos da placenta são também avaliados em relação ao peso fetal através do coeficiente placentário , que é o rácio entre o peso da placenta e o peso do feto (peso da placenta: peso do feto) e existe uma diferença significativa (p=0,026) entre os dois grupos, sendo mais elevado no RCIU idiopático, e os valores do coeficiente placentário estão significativamente correlacionados com os pesos ao nascimento (r=-0,456; p=0,000) (Diagrama 4).

As posições de inserção dos cordões umbilicais e as alterações placentárias grosseiras (fibrose, hematomas) estão indicadas na Tabela 4. Nas placentas com RCIU idiopático, as posições de inserção dos cordões umbilicais são excêntricas em 34, centrais em 7, marginais em 3 e velamentosas em 6 das 50 placentas. Nas placentas de controlo, é excêntrico em 15, central em 7, marginal em 2 e velamentoso em 1 de 25 placentas. Na maioria dos casos de RCIU idiopático (68%) e de controlo (60%), observa-se uma inserção excêntrica do cordão umbilical, não tendo sido detectada qualquer diferença significativa entre os dois grupos (p=0,149).

Parâmetros morfométricos da placenta

A. Vilosidades terminais

Nas gestações com RCIU idiopático, a área total média das vilosidades terminais por secção transversal vilosa é significativamente menor (p=0,048) e o número médio de vilosidades terminais é significativamente menor (p=0,000) do que nas gestações de controlo, enquanto os valores médios da área vilosa média são quase semelhantes (14777,70±487,17μ2; 14887,69±576,23μ2; p=0,891) nos grupos de RCIU idiopático e de controlo, respetivamente (tabela 5).

B. Vasos vilosos e índice de capilarização

Existem diferenças significativas entre o RCIU idiopático e as placentas de controlo na área capilar total média (p=0,000) e no número médio de capilares (p=0,001) por secção transversal vilosa, enquanto os valores médios das áreas capilares e vilosas médias são quase semelhantes em ambos os grupos (p=0,983) (Tabela 6).

Tabela 4: Exame morfológico macroscópico das placentas e modo de inserção dos cordões umbilicais

Variável	Grupo Idiopático RCIU (n= 50)	Grupo de controlo (n =25)	P	Valor
Diâmetro da placenta (cm) (Média da média ± SEM)	16.30 * 15.17 (15.73 ± 0.17)	17.69 * 16.72 (17.20 ± 0.23)	*	0.000
Peso da placenta (gm) (média ± SEM)	354.80 ± 9.82	488.08 ± 14.09	*	0.000
Coeficiente placentário (média ± SEM)	0.16 ± 0.005	0.14 ± 0.005	*	0.026
Inserção do cordão umbilical (n.º e %) Central Excêntrico Marginal Velamentoso	7 (14%) 34 (68%) 3 (6%) 6 (12%)	7 (28%) 15 (60%) 2 (8%) 1 (4%)		0.149
Alterações macroscópicas da placenta (n.º e %) Fibrose	16 (32%) 15 (30%)	2 (8%) 2 (8%)	**	0.023 0.033
Hematomas			**	

Os dados são apresentados como média± erro padrão das médias (SEM). A significância foi considerada como P<0,05 para o teste t de amostras independentes (*) e o teste de Mann-Whitney (**). RCIU: restrição de crescimento intrauterino.

Tabela 5: Critérios morfométricos das vilosidades terminais da placenta nos grupos RCIU idiopático e de controlo

Vilosidades terminais	RCIU idiopático (n= 50)	Controlo (n =25)	Valor P
Área total (µm2) (média ± SEM)	431155.03 ± 32005.65	538226.12 ± 39759.26	0.048*
Área média (µm2) (média ± SEM)	14777.70 ± 487.17	14887.69 ± 576.23	0.891
Número (média ± SEM)	29.44 ±1.88	70.06 ± 5.03	0.000*

Os dados são apresentados como média± erro padrão das médias (SEM). A significância foi considerada como P<0,05 para o teste t de amostras independentes (*). RCIU: restrição de crescimento intrauterino.

Tabela 6: Critérios morfométricos dos capilares vilosos terminais da placenta nos grupos RCIU idiopático e de controlo

Capilares vilosos terminais	RCIU idiopático (n= 50)	Controlo (n =25)	Valor P
Total área (µm2) (média ± SEM)	106909.53 ± 10136.41	187205.94 ± 15900.59	0.000 *
Média área (µm2) (média ± SEM)	2508.73 ± 148.58	2513.79 ± 133.95	0.983
Número (média ± SEM)	47.09 ± 4.44	73.35 ± 5.13	0.001 *
Índice de capilarização (%) (média ± SEM)	27.62 ± 2.04	34.42 ± 1.98	0.038 *

Os dados são apresentados como média± erro padrão das médias (SEM). A significância foi considerada como P<0,05 para o teste t de amostras independentes (*). RCIU: restrição de crescimento intrauterino.

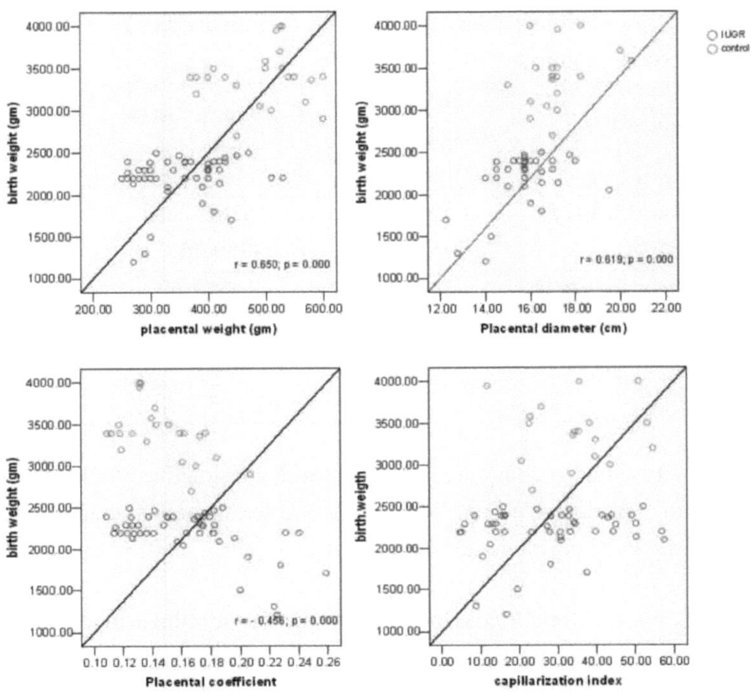

Diagrama 4: O peso neonatal à nascença correlaciona-se significativamente com os pesos da placenta, os diâmetros da placenta, o coeficiente placentário e o índice de capilarização: com o aumento do peso à nascença há um aumento destes parâmetros.

C. EXAME HISTOLÓGICO DA PLACENTA

O exame histológico das placentas de espécimes de controlo e de RCIU revela o componente materno (placa decidual), o componente fetal (placa coriónica) e os espaços intervilosos. A placa decidual é formada pela decídua basal e septos placentários que envolvem um núcleo de tecido materno coberto por uma camada de sinciciotrofoblastos. A placa coriónica é constituída pela árvore vilositária coriónica (vilosidades tronco, intermédias e terminais) que é formada por uma camada de trofoblastos que envolve o estroma viloso e os vasos vilosos. Algumas vilosidades mostram aglomerados de núcleos sincitiotrofoblásticos que sobressaem da superfície das vilosidades, formando nós sinciciais. Os espaços intervilosos estão cheios de sangue materno (Fig. 3).

Nas decíduas, as células gigantes do trofoblasto (TGCs) com núcleos polipóides de grandes dimensões e citoplasma largo e proeminente estão presentes na camada de células do trofoblasto e perto dos vasos deciduais (Fig. 4). Nas vilosidades coriónicas, observam-se CGTs na camada de células trofoblásticas, nos nós sinciciais e nas proximidades dos vasos coriónicos (Fig. 5).

D. EXAME ANATOMOPATOLÓGICO DA PLACENTA

As vilosidades da haste de muitas placentas RCIU idiopáticas a termo mostram hialinização do interstício e resposta estromal hipercelular. Outras mostram áreas pequenas ou focais de necrose vilositária e/ou fibrose (Fig. 6). Muitas artérias vilosas estaminais de placentas RCIU idiopáticas de termo mostram hipertrofia acentuada da parede e estreitamento dos seus lúmens. Além disso, muitas artérias vilosas estaminais apresentam herniação da parede, dissecção hemorrágica da parede do vaso, infiltrado inflamatório focal e ou trombose (Fig. 7). As vilosidades terminais de alguns espécimes apresentam alterações fibróticas acentuadas (Fig. 6).

Um número variável de placentas de controlo de termo mostram alguns dos achados patológicos exibidos pelas placentas de RCIU idiopáticas de termo.

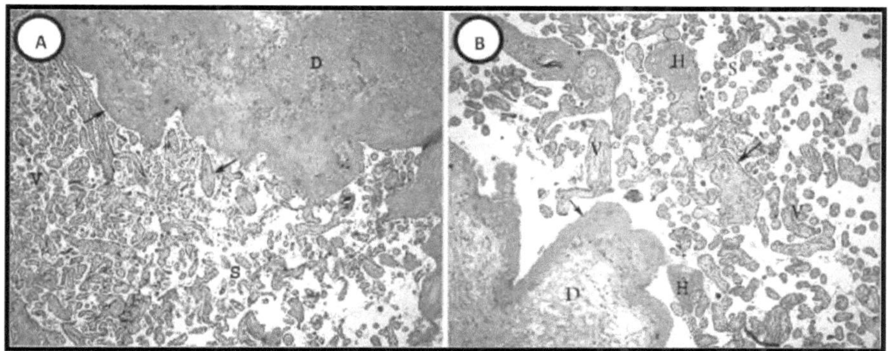

Fig. 3: Secções histológicas representativas de tecidos placentários incluídos em parafina de espécimes de controlo (A) e RCIU (B) revelam: decídua basalis (D), árvore vilosa coriónica (vilosidades caudal, intermédia e terminal) (V) e espaços intervilosos (S). A decídua basal é formada por uma camada de sinciciotrofoblastos (seta fina) que envolve o tecido materno com vasos sanguíneos deciduais. As vilosidades coriónicas são formadas por uma camada de trofoblastos (seta grossa) que envolve o estroma viloso e os vasos vilosos. Note-se a hialinização em algumas vilosidades da secção RCIU (H) (HE, x100).

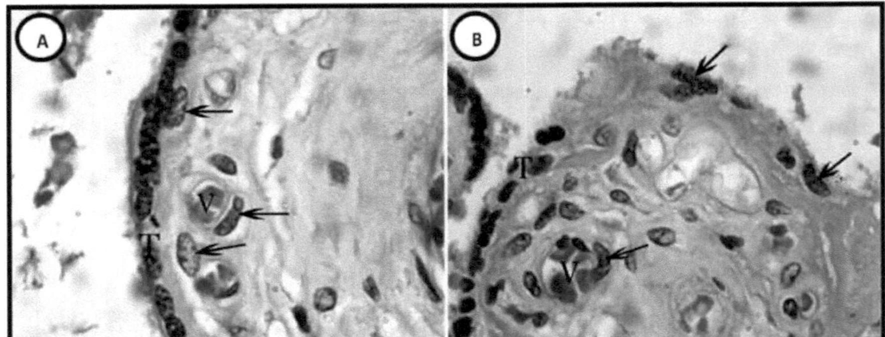

Fig. 4: Secções histológicas representativas de tecidos placentários incluídos em parafina; revela as decíduas de espécimes de controlo (A) e RCIU (B) com a sua camada de células trofoblásticas de revestimento (T) e vasos sanguíneos deciduais (V). As células gigantes trofoblásticas, com os seus núcleos polipóides de grandes dimensões e citoplasma largo e proeminente, aparecem no interior da camada de células trofoblásticas e nas proximidades dos vasos deciduais (setas) (HE, x1000).

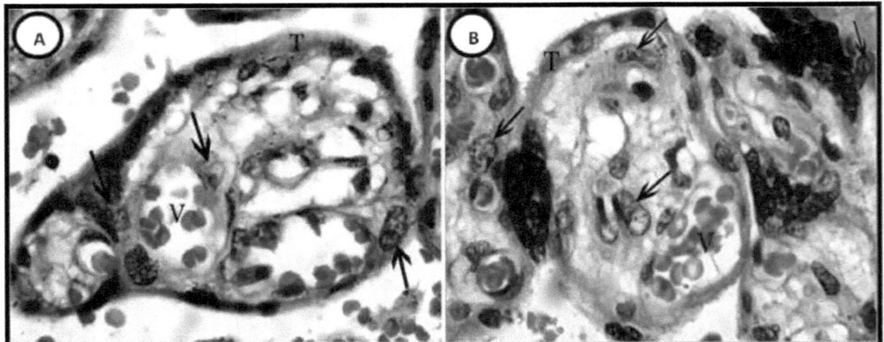

Fig. 5: Secções histológicas representativas de tecidos placentários incluídos em parafina; revela as vilosidades coriónicas de espécimes de controlo (A) e RCIU (B) com a sua camada de células trofoblásticas (T) e vasos vilosos (V). As células gigantes do trofoblasto com os seus núcleos polipóides de grandes dimensões e citoplasma largo proeminente aparecem no interior da camada de células trofoblásticas, nos nós sinciciais e perto dos vasos vilosos (setas) (HE, x1000).

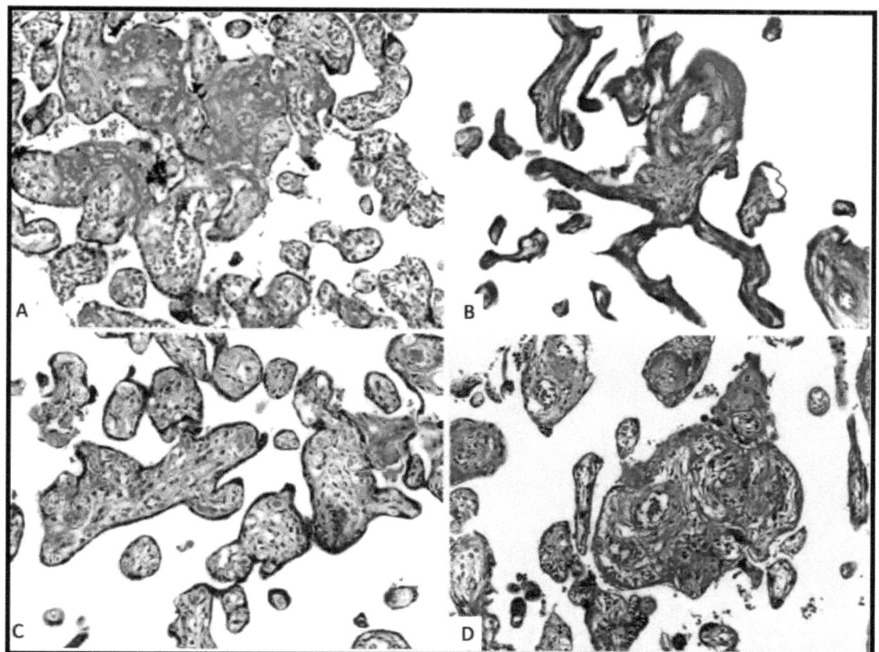

Fig. 6: Fotomicrografia de uma secção histológica de placenta de uma gravidez com restrição idiopática do crescimento intrauterino mostrando: (A) O espaço interviloso com hialinização das vilosidades do tronco e desaparecimento das artérias do tronco (HE, x100). (B) Espaço interviloso com fibrose acentuada das vilosidades (HE, x100). (C) Espaço interviloso com focos de infiltração celular nas vilosidades estaminais (HE, x100). (D) Espaço interviloso com hialinização das vilosidades estaminais, resposta estromal hipercelular e áreas pequenas ou focais de necrose vilosa (HE, x100).

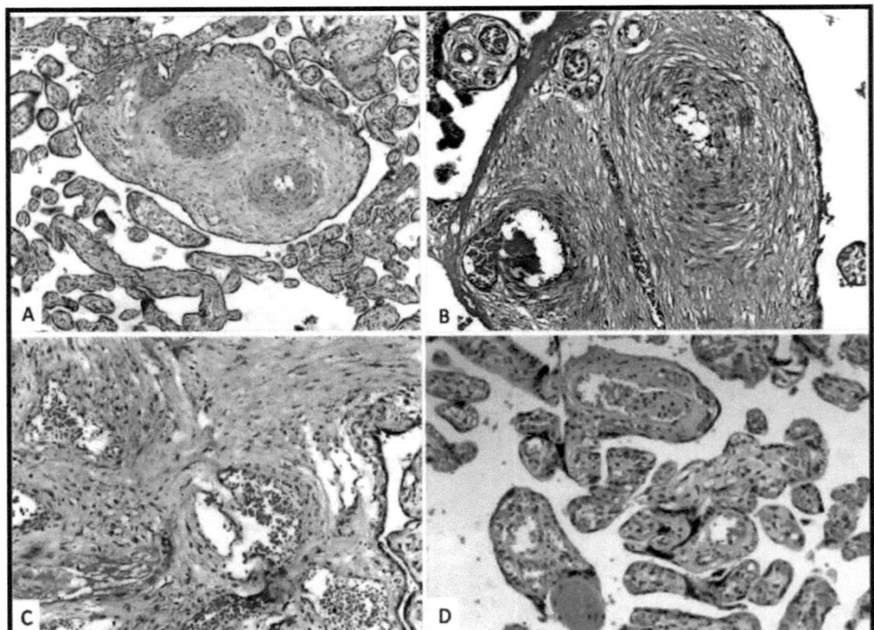

Fig. 7: Fotomicrografia de uma secção histológica da placenta de uma gravidez com restrição idiopática do crescimento intrauterino, mostrando vilosidades estaminais: (A) artéria estaminal com hipertrofia acentuada da parede e estreitamento do lúmen (hematoxilina e eosina, ampliação original *100). (B) artéria vilosa do tronco com herniação da sua parede, a outra artéria aparece com hipertrofia acentuada da parede e estreitamento do seu lúmen (hematoxilina e eosina, ampliação original *200). (C) Artéria vilosa do tronco com
dissecção hemorrágica da sua parede. Hialinização e infiltração celular são aparentes no interstício viloso (hematoxilina e eosina, ampliação original *200). (D) Artéria vilosa-tronco com trombo intraluminal (HE, *100).

Análise estatística dos achados histopatológicos nas placentas

- A frequência das diferentes condições patológicas é apresentada nas Tabelas (7, 8):

O estudo de análise de imagem de secções histológicas de RCIU idiopático de termo mostra um número reduzido de artérias vilosas da placenta em comparação com as amostras de controlo. A diferença entre o número médio de artérias por campo no grupo de controlo (12,36 ± 0,61) e no grupo RCIU idiopático (4,63 ± 0,46) é estatisticamente significativa (p=0,000). Além disso, no grupo RCIU idiopático, o número de capilares nas vilosidades terminais por campo está diminuído em comparação com o grupo de controlo. A diferença entre o número médio de capilares por campo no grupo AGA (73,35 ± 5,13) e no grupo RCIU idiopático (47,09 ± 4,44) é estatisticamente significativa (p=0,000).

As alterações degenerativas (hialinização e necrose) nas vilosidades tronco e a presença de vilite são significativamente mais elevadas nos casos de RCIU idiopático do que nos casos de controlo (p=0,000, p=0,001). Por outro lado, as alterações degenerativas ou fibróticas nas vilosidades terminais não apresentam diferenças significativas entre os dois grupos (p=0,370).

O estreitamento das artérias vilosas do tronco é significativamente maior no RCIU idiopático do que no grupo de controlo (p= 0,001), enquanto os achados degenerativos na parede arterial do tronco não mostram diferenças significativas entre os dois grupos (p= 0,588).

- A correlação entre os principais achados patológicos no tecido placentário:

O número de artérias vilosas do tronco está significativamente correlacionado com a presença de vilite (r=0,243; p=0,013) e com as alterações degenerativas nas vilosidades do tronco (r=0,341; p=0,001). Também está correlacionada com o número de capilares terminais (r=0,253; p=0,002) e com as alterações fibrosas nas vilosidades terminais (r=-0,243; p=0,018).

O lúmen estreito das artérias estaminais está significativamente correlacionado com a presença de vilosidades nas vilosidades estaminais (r=0,324; p=0,005) e com o número de capilares terminais (r=0,129; p=0,046).

Curiosamente, verificámos que as alterações fibróticas nas vilosidades terminais estão significativamente correlacionadas com o número de artérias vilosas estaminais (r=-0,243; p=0,018), mas não estão significativamente correlacionadas com o número de capilares nas vilosidades terminais (r=- 0,120; p=0,830).

- Correlação fetal e placentária com as alterações patológicas:

O peso ao nascer e o peso da placenta estão significativamente correlacionados com o aparecimento de alterações degenerativas nas vilosidades do tronco (r=0,33; p=0,001, r=0,345; p=0,000).

O peso à nascença está significativamente correlacionado com o número de artérias estaminais (r=0,494; p=0,000), o estreitamento arterial (r=0,283, p=0,004), o número de capilares vilosos terminais (r=0,281, p=0,001) e a vilite (r=0,275, p=0,005).

O peso da placenta está significativamente correlacionado com o número de artérias estaminais (r =0,494, p=0,000), estreitamento arterial (r=0,283, p=0,004), vilite (r=0,252, p=0,009) e número de capilares vilosos terminais (r=0,281, p=0,000).

O diâmetro médio da placenta está significativamente correlacionado com o número de artérias estaminais (r=0,330, p=0,000), o estreitamento arterial (r=0,23, p=0,023), a vilite (r=0,301, p=0,002) e o número de capilares vilosos terminais (r=0,168, p=0,042).

Tabela 7: Número médio de artérias vilosas e capilares vilosos terminais nos grupos de controlo e de RCIU idiopático

Variável	Grupo de controlo n=25 Média±SEM	Grupo RCIU idiopático n=50 Média±SEM	Valor P
Número de artérias vilosas estaminais por campo.	12.36 ± 0.61	4.63 ± 0.46	0.**000***
Número de capilares vilosos terminais por campo	73.35 ± 5.13	47.09 ± 4.44	0.**000***

Os dados são apresentados como média± erro padrão das médias (SEM). A significância foi considerada em P<0,05 para o teste t de amostras independentes (*). RCIU: restrição de crescimento intrauterino.

Tabela 8: Frequência de diferentes condições patológicas nas placentas dos grupos de controlo e de RCIU idiopático

O estado patológico	Freque ncia no grupo de controlo	Freque ncia no grupo RCIU idiopático	Valor P
Estreitamento das artérias vilosas do tronco	9 (36%)	38 (76%)	0.0 01*

Degeneração da parede arterial do tronco (herniação, dissecção hemorrágica, infiltrado inflamatório focal e/ou trombose).	6 (24%)	15 (30%)	0.588
Hialinização e necrose das vilosidades do tronco	13(52%)	48 (96%)	0.000*
Infiltração celular (vilite) das vilosidades estaminais	2 (8%)	24 (48%)	0.001*
Degenerescência das vilosidades terminais ou fibrose	3 (12%)	3 (6%)	0.370

A significância foi considerada em P<0,05 para o teste U de Mann-Whitney (*).

Discussão

O presente trabalho estudou as alterações histomorfológicas e patológicas das vilosidades terminais e do tronco de placentas RCIU idiopáticas e de placentas de controlo, com o objetivo de determinar a provável patogénese do RCIU idiopático na Arábia Saudita. As vilosidades do tronco da placenta RCIU idiopática de termo apresentaram diferentes achados patológicos, incluindo alterações arteriais, alterações degenerativas e sinais de vilite. Nalgumas amostras, as vilosidades terminais apresentam alterações fibróticas acentuadas. É importante notar que estes quadros patológicos também são exibidos por um número variável de placentas de termo de controlo.

Os achados patológicos observados neste estudo estão de acordo com Salafia et al. (1992), que relataram a presença de infarto placentário, vilite crônica, endovasculite hemorrágica e tromboses vasculares placentárias em diferentes casos de RCIU idiopático a termo. A presença destes achados patológicos tanto nos casos de RCIU como nos casos de controlo está em consonância com Tomasa et al. (2010), que referiram não haver diferença nos achados histopatológicos entre as placentas de RCIU idiopático e as placentas de controlo. Também Salafia et al. (1992) verificaram que uma ou mais alterações patológicas estavam presentes em 55% dos casos de RCIU e em 32% dos casos não RCIU.

No presente estudo, o número médio de artérias vilosas estaminais e o número médio de capilares vilosos terminais por campo são significativamente mais baixos no RCIU idiopático (4,63 ± 0,46, 47,09 ± 4,44) do que no grupo de controlo (12,36 ± 0,61, 73,35 ± 5,13, respetivamente) (p=0,000, p=0,001, respetivamente). Em consonância com os nossos resultados, Giles et al. (1985) e Sebire (2003) sugeriram que as placentas de gestações com RCIU e achados anormais de Doppler da artéria umbilical (AU) estavam associadas a um número reduzido de artérias vilosas estaminais placentárias. Posteriormente, outros autores pareceram confirmar esses achados (McCowan et al. 1987; Bracero et al. 1989). Entretanto, muitos estudos com técnicas de amostragem sistemática não conseguiram confirmar esses resultados (Hitschold et al. 1993; Jackson et al. 1995). Em controvérsia com os nossos resultados, Claude e Steven (1985) e Lena et al. (1995) relataram um aumento do número médio de capilares no tecido placentário e explicaram que o aumento do número de capilares no núcleo estromal das vilosidades terminais indica que a hipoxia induz hipercapilarização e vasodilatação em muitos vasos sistémicos, mas causa vasoconstrição nos vasos pulmonares.

No presente trabalho, o estreitamento das artérias vilosas do tronco é significativamente maior nos casos de RCIU idiopático (76%) do que nos casos de controlo (36%). Este aparente estreitamento pode dever-se a hipertrofia da parede e/ou vasoconstrição. Vários autores relataram a aparente redução luminal e a hipertrofia da parede dos vasos estaminais em placentas de casos de RCIU, consistente com uma vasoconstrição vilosa estaminal placentária marcada e de longa duração (Van der Veen e Fox 1983; Sebire et al. 2001). Muitos autores levantaram a hipótese de que a restrição do crescimento intrauterino, com ou sem etiologia, leva ao stress crónico do feto com hipoxia crónica e libertação de substâncias vasoactivas, que causam vasoconstrição crónica e hipertrofia vascular (Subahash et al. 2000; Cunningham et al. 2010).

Por outro lado, os nossos resultados provaram que as alterações degenerativas vasculares das artérias estaminais (herniação da parede, dissecção hemorrágica da parede do vaso, infiltrado inflamatório focal e/ou trombose) apresentaram uma diferença maior, mas não significativa, nos casos de RCIU idiopático (30%) do que nos casos de controlo (24%). Em comparação com os presentes resultados, Salafia et al. (1992) verificaram que a endovasculite hemorrágica foi exibida em 15% de todos os casos de RCIU, enquanto as tromboses vasculares placentárias se apresentaram em 9% dos casos.

Os nossos resultados mostraram que a presença de vilite e as alterações degenerativas nas vilosidades do tronco são significativamente mais elevadas nos casos de RCIU idiopático do que nos casos de controlo. De acordo com estes resultados, (Salafia et al. 1992) relataram uma percentagem mais elevada de vilite crónica e enfarte da placenta em casos de RCIU idiopático (53%, 63% respetivamente) do que em casos de controlo.

Discutindo os mecanismos causais do RCIU idiopático, o presente estudo provou a existência de uma correlação positiva significativa entre o peso à nascença e diferentes caraterísticas patológicas nas vilosidades do tronco, como o número de artérias do tronco (r=0,494; p=0,000), estreitamento arterial (r=0,283, p=0,004), alterações degenerativas das vilosidades do tronco (r=0.331, p=0,001) e vilite (r=0,275, p=0,005) e também uma correlação positiva significativa entre o peso à nascença e o número de capilares das vilosidades terminais (r=0,281, p=0,001), mas nenhuma correlação significativa entre o peso à nascença e as alterações fibróticas das vilosidades terminais (r=-0,098, p=0,318). Estes resultados podem levantar a hipótese de que as vilosidades estaminais representam o mistério para o desenvolvimento de RCIU idiopático.

De acordo com os nossos resultados, a diminuição do número de artérias estaminais e/ou o seu estreitamento podem ser os mecanismos causadores da diminuição do peso à nascença e do desenvolvimento do RCIU idiopático na Arábia Saudita. Sebire (2003) levantou a hipótese de que a redução do número de artérias estaminais placentárias poderia ser o primeiro mecanismo proposto no RCIU e nos achados anormais do Doppler da UA. Além disso, Campbell et al. (1986) e Bower et al. (1991) relataram a redução do fluxo sanguíneo uteroplacentário como um evento subjacente na maioria dos casos de RCIU. Ao mesmo tempo, Fox (1997) verificou que a necrose isquémica das vilosidades associada ao RCIU grave é secundária a uma redução grave do fornecimento de oxigénio devido a um comprometimento localizado grave do fluxo sanguíneo interviloso uteroplacentário. Isto está de acordo com o achado patológico de invasão endovascular defeituosa do trofoblasto e conversão dos vasos uteroplacentários em casos de RCIU (Brosens 1977).

O facto de o estreitamento das artérias estaminais poder ser um mecanismo subjacente ao RCIU idiopático está em consonância com Sebire et al. (2001) e Sebire e Talbert (2002), que sugeriram a vasoconstrição das vilosidades estaminais da placenta como mecanismo subjacente ao RCIU com formas de onda anormais de Doppler da UA e explicaram a importância anatómica do músculo liso vascular das artérias e veias das vilosidades estaminais da placenta, que estão bem desenvolvidas, sugerindo o seu importante papel no controlo da hemodinâmica da placenta para minimizar a "incompatibilidade ventilação-perfusão". A evidência histopatológica de tais alterações compatíveis com vasoconstrição prolongada foi agora bem descrita por vários grupos em vasos das vilosidades estaminais da placenta em gravidezes com RCIU (Van der Veen e Fox 1983; Sebire et al. 2001) e a teoria atual é que a redução prolongada do fluxo interviloso materno e, consequentemente, do fornecimento de oxigénio, resultaria, por conseguinte, em vasoconstrição prolongada com redução secundária do diâmetro luminal das vilosidades estaminais, aumento da resistência ao fluxo e hipertrofia vascular média. O mecanismo exato de controlo do tónus dos vasos das vilosidades estaminais ainda não foi determinado com certeza, embora tenha sido sugerida a libertação de mediadores vasoactivos das vilosidades terminais distais, como o óxido nítrico (NO) (Myatt et al. 1991; Hampl et al. 2002).

O presente estudo demonstrou que o peso à nascença está significativamente correlacionado com a infiltração celular e/ou alterações degenerativas nas vilosidades estaminais. Este facto pode levantar a hipótese de a degenerescência das vilosidades estaminais e/ou a vilite, especialmente de etiologia desconhecida (VUE), poderem ser mecanismos subjacentes ao RCIU idiopático. De acordo com esta hipótese, Raymond e Redline (2007) afirmaram que a VUE (quando são excluídas as lesões de baixo grau) é uma causa importante de restrição do crescimento intrauterino e de perdas reprodutivas recorrentes. Além disso, Salafia et al. (1992) provaram que 30% de todos os casos de RCIU idiopático apresentavam vilite crónica que podia ser acompanhada por endovasculite hemorrágica.

O facto de o mau desenvolvimento das vilosidades terminais poder ser um provável mecanismo causal do RCIU idiopático é um ponto de discrepância. O nosso estudo provou que o peso à nascença está positivamente correlacionado com o número de capilares das vilosidades terminais ($r=0,281$, $p=0,001$), mas não com as alterações fibróticas das vilosidades terminais ($r=-0,098$, $p=0,318$). O número de capilares das vilosidades terminais é também um ponto de debate em que muitos investigadores provam a hipocapilarização das vilosidades terminais com RCIU (Mayhew et al. 1999; Mayhew et al. 2004; Egbor et al. 2006), enquanto outros provam a hipercapilarização (Claude e Steven 1985; Lena et al. 1995). Por outro lado, estudos patológicos de placentas com RCIU e achados anormais de Doppler da UA relataram que as vilosidades terminais são frequentemente pequenas, hipovasculares e fibróticas, o que levou à hipótese de que o mau desenvolvimento viloso primário pode ser o evento subjacente nesses casos (Macara et al. 1995; Macara et al. 1996). Em consonância com os nossos resultados, Sebire (2003) declarou que o mecanismo subjacente às formas de onda anómalas do Doppler da urina na maioria dos casos de RCIU é provavelmente secundário a uma redução significativa do fluxo uteroplacentário materno e não a um mau desenvolvimento primário da placenta/vilosidades, tendo descrito que a resistência ao fluxo em quase todos os órgãos é controlada ao nível das pequenas artérias/arteríolas e não ao nível do leito capilar propriamente dito. Este facto pode ser consistente com os nossos resultados, segundo os quais as alterações fibróticas nas vilosidades terminais estão significativamente correlacionadas com o número de artérias vilosas estaminais ($r= -0,243$; $P= 0,018$), mas não com o número de capilares nas vilosidades terminais (r= - 0,120; P= 0,830).

Em conclusão, as alterações histomorfológicas e patológicas das vilosidades estaminais podem explorar a causa do RCIU idiopático. A diminuição do número de artérias estaminais, o estreitamento das paredes arteriais, a degeneração das vilosidades estaminais e a vilite podem ser mecanismos subjacentes. Devem ser realizadas mais investigações a nível hormonal e de citocinas para demonstrar os factores precipitantes destas alterações e as possíveis medidas de prevenção.

E. análise imuno-histoquímica do tnf-α

A imunocoloração de TNF-α é detectada em amostras de RCIU de controlo e idiopáticas. Nas decíduas, o TNF-α está localizado nas membranas celulares e no citoplasma do trofoblasto da decídua e no endotélio dos vasos da decídua. Os TGCs nas decíduas dos espécimes de controlo apresentam uma imunoexpressão de TNF-α deficiente ou negativa, enquanto os do grupo RCIU apresentam uma coloração positiva (Fig. 8). Nas vilosidades coriónicas, o TNF-α é expresso nas membranas celulares e no citoplasma dos trofoblastos vilosos, no endotélio dos vasos coriónicos e nos nós sinciciais. Além disso, os TGC das placas coriónicas dos espécimes de controlo apresentam uma imunoexpressão de TNF-α deficiente ou negativa, enquanto os do grupo RCIU apresentam uma coloração positiva (Fig. 9).

O estudo estatístico dos dados da análise de imagens de todas as amostras revela que a percentagem média da área de imunomarcação do TNF-α é significativamente mais elevada no grupo RCIU idiopático (5,93±0,69) em comparação com o grupo de controlo (3,28±0,41) (p=0,001) (figs. 8 e 9).

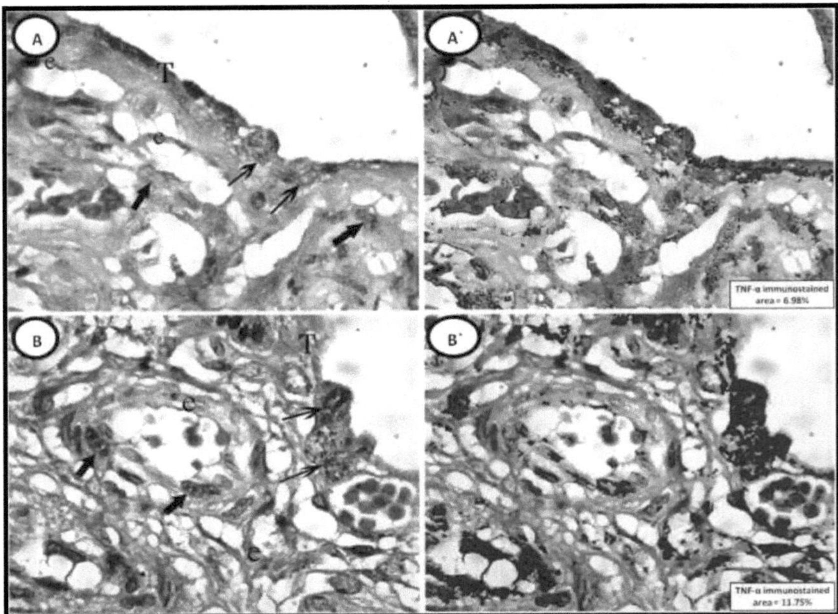

Fig. 8: Imunomarcação representativa de TNF-α em tecidos placentários incluídos em parafina; revela a localização e a percentagem de área de TNF-α nas decíduas de espécimes de controlo (A, A') e RCIU (B, B'): Em ambas as decíduas, o TNF-α está localizado nas membranas celulares e no citoplasma do trofoblasto decidual (T) e no endotélio dos vasos deciduais (e), com maior percentagem de área nos espécimes FGR. As células gigantes do trofoblasto localizadas na camada de células trofoblásticas (setas finas) ou perto da artéria espiral (seta grossa) apresentam uma imunomarcação negativa para o TNF-α nos córiões de controlo (A, A'), mas uma imunomarcação positiva nos córiões RCIU (B, B') (anti-TNF-α, x1000).

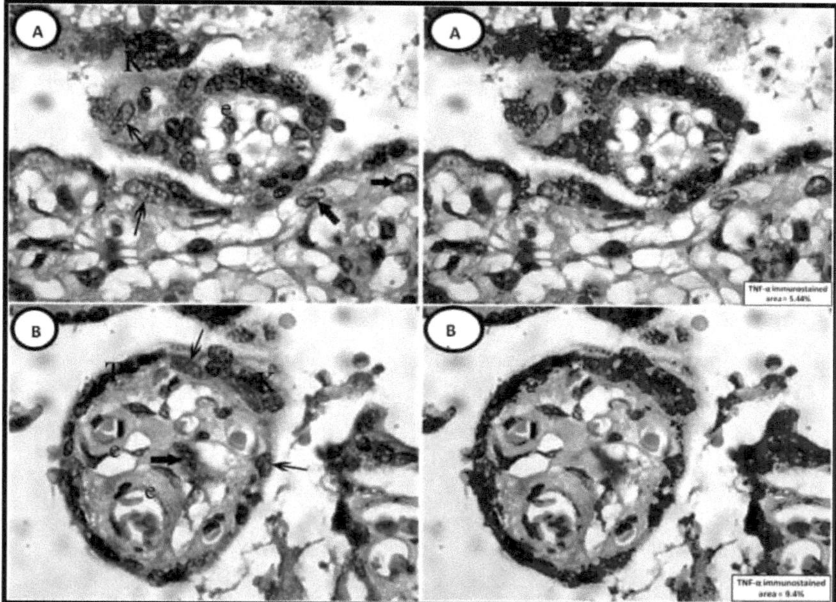

Fig. 9: Imunocoloração representativa de TNF-α em tecidos placentários incluídos em parafina; revela a localização e a percentagem de área de TNF-α nas vilosidades coriónicas dos casos de controlo (A, A') e RCIU (B, B'): Em ambos os córions, o TNF-α localiza-se nas membranas celulares e no citoplasma do trofoblasto viloso (T), nos nós sinciciais (K) e no endotélio das paredes dos vasos vilosos (e), com maior percentagem de área nos espécimes IUGR. As células gigantes do trofoblasto localizadas no interior da camada de células trofoblásticas (setas finas) e as associadas aos vasos vilosos (setas grossas) apresentam uma imunomarcação negativa para o TNF-α no córion de controlo (A, A'), mas uma imunomarcação positiva nas amostras RCIU (B, B') (anti-TNF-α, x1000).

Discussão

Considerando o facto de a restrição de crescimento ser um fator de risco importante para os recém-nascidos, este estudo avalia a expressão e a localização do TNF-α no tecido placentário em casos de RCIU idiopática, esperando esclarecer as alterações histológicas e imunohistoquímicas associadas. No presente trabalho, a imunoexpressão do TNF-α é detectada em todos os tecidos placentários a termo examinados (placas decidual e coriónica), quer se trate de gestações de controlo ou de RCIU idiopática, com uma percentagem de área significativamente mais elevada no grupo de RCIU idiopática.

Neste estudo, as decíduas de placentas de controlo e de placentas RCIU idiopáticas apresentam imunoexpressão de TNF-α nas membranas celulares e no citoplasma do trofoblasto decidual e no endotélio dos vasos sanguíneos. Também nas vilosidades coriónicas, está localizada nas membranas celulares e no citoplasma dos trofoblastos vilosos, no endotélio dos vasos sanguíneos e nos nós sinciciais. Esta expressão de TNF-α em placentas de controlo a termo corresponde à descoberta de Wang et al. (2008) que demonstraram a presença de TNF-α em tecidos placentários humanos normais, o que significa que as suas alterações durante a gravidez são indicativas da sua função específica nos processos de diferenciação do desenvolvimento. A expressão do TNF-α pode mudar em função das necessidades do desenvolvimento; no início da gestação, o ARNm do TNF parece ser predominantemente expresso em todos os tipos de células da linhagem trofoblástica (Yang et al. 1993; King et al. 1995). Depois, à medida que a gravidez avança, a expressão do ARNm muda da população de células trofoblásticas para um sinal mais forte nas células estromais das vilosidades (Hung et al. 2004). Estudos de hibridização in situ e de coloração imuno-histoquímica localizaram a expressão dos receptores de TNF nos trofoblastos das vilosidades da placenta (Yelavarthi e Hunt 1993).

A observação de que o TNF-α induz a apoptose de trofoblastos humanos primários (Yui et al. 1994; Garcia-Lloret et al. 1996) sugere papéis fisiológicos (renovação dos trofoblastos) e patológicos (perda da barreira protetora dos trofoblastos) na placenta. De acordo com os presentes resultados, a percentagem média de áreas imunomarcadas com TNF-α é significativamente mais elevada nos tecidos placentários do RCIU idiopático em comparação com as placentas de controlo, o que sugere um papel específico do TNF-α no desenvolvimento do RCIU e pode explicar as teorias histopatológicas para o desenvolvimento destes casos. Em consonância com esta hipótese, Hunt et al. (1990) e Wride e Sanders (1995) afirmaram que o TNF-α pode inibir o crescimento dos trofoblastos e pode controlar a morte celular programada e a remodelação da matriz extracelular. De outro ponto de vista, o aumento da expressão de TNF-α no crescimento fetal restrito poderia ser um evento de iniciação para os trofoblastos sofrerem um processo inflamatório, como afirmaram Nawroth e Stern (1986).

Nos vasos sanguíneos, o TNF-α é detectado nas células endoteliais vasculares dos vasos deciduais e vilosos, o que pode refletir a causa da restrição do crescimento devido à falha na invasão dos trofoblastos e à subperfusão do leito uteroplacentário, tal como referido por Lyall et al. (1999). Além disso, o TNF-α é diretamente tóxico para o endotélio e pode danificar a vasculatura decidual (Hunt et al. 1990). Interfere ainda com o sistema anticoagulante e pode induzir trombose placentária (Bevilacqua et al. 1986). Recentemente, e de forma consistente com os presentes resultados, Holcberg et al. (2001) comprovaram o aumento da secreção de TNF em placentas de fetos RCIU e atribuíram este facto ao aumento da vasoconstrição do leito vascular placentário fetal. Felizmente, o aumento da expressão tecidual de TNF-α no RCIU idiopático comprovado neste estudo é consistente com outros estudos que relatam o aumento dos níveis séricos maternos e do líquido amniótico dessa citocina no RCIU (Stallmach et al. 1995; Holcberg et al. 2001).

As CGTs são células terminalmente diferenciadas, multinucleadas e invasivas da placenta em desenvolvimento, responsáveis pela remodelação da matriz extracelular do estroma uterino à medida que a implantação progride. O presente estudo demonstrou as caraterísticas histológicas das CGTs, que compreendem núcleos polipóides de grande tamanho e citoplasma largo e proeminente, que coincidem com o descrito anteriormente por Bevilacqua e Abrahamsohn (1988). No presente estudo, o tecido placentário a termo de gestações de controlo e de RCIU idiopático revela a presença de CGTs na camada de células trofoblásticas e perto dos vasos da decídua e das vilosidades coriónicas, o que está de acordo com Simmons et al. (2007).

Os resultados do presente trabalho revelam uma expressão positiva de TNF-α nas TGCs localizadas na decídua e no córion das placentas RCIU, mas uma expressão deficiente ou negativa de TNF-α nas placentas de controlo. Este facto pode fazer supor que as TGC são uma das fontes celulares para o aumento do nível desta citocina no RCIU idiopático. Alguns estudos revelaram que as CGTs da placenta inicial são o local de expressão de TNF-α (Hunt et al. 1993; Lachapelle et al. 1993), mas poucos estudos demonstraram a presença de TNF-α nas CGTs em tecidos placentários a termo. De acordo com os nossos resultados, Pijnenborg et al. (1998) provaram que, em fases posteriores da gravidez normal, a expressão da proteína TNF diminui nas células invasivas e que as células gigantes do trofoblasto não têm qualquer expressão de TNF. No entanto, não foi encontrada literatura que discuta a expressão de TNF-α em CGTs de placentas com RCIU idiopático.

Em conclusão, este estudo forneceu um perfil de expressão abrangente para o TNF-α em tecido placentário normal e idiopático de RCIU a termo, demonstrando uma imunoexpressão aumentada de TNF-α em placentas de RCIU idiopáticas. O estudo também propôs que as células gigantes trofoblásticas sejam uma fonte óbvia desta citocina nestes casos. Devem ser efectuados estudos experimentais para determinar o efeito do aumento do TNF-α como citocina inflamatória no desenvolvimento fetal e os possíveis efeitos opostos das citocinas anti-inflamatórias.

F. Análise imuno-histoquímica do TdT

A imunomarcação da TdT no tecido das vilosidades variou nos grupos estudados. Nas vilosidades placentárias de controlo, a imunomarcação para TdT estava presente como pontuação 1+ (menos de 50% de coloração) nos sinciciotrofoblastos e como pontuação 0 (sem coloração) nos citotrofoblastos e nas células do estroma . Em comparação com o grupo de controlo, a intensidade da imunocoloração TdT no RCIU idiopático é detectada como pontuação 2+ (50% ou mais de coloração) nos sincitiotrofoblastos e como escore 1+ nos citotrofoblastos e células do estroma, com diferença significativa entre os dois grupos ($p<0,005$) (fig. 10).

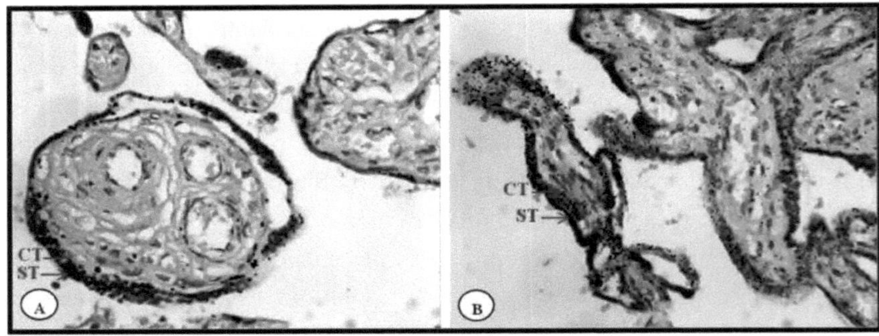

Fig. 10: Coloração imunitária TdT representativa de tecidos placentários incluídos em parafina: (A) vilosidades coriónicas da placenta de controlo com coloração nuclear 1+ para TdT nos sinciciotrofoblastos e coloração 0 nos citotrofoblastos e células do estroma. (B): vilosidades coriónicas de placenta RCIU idiopática com coloração nuclear 2+ para TdT nos sinciciotrofoblastos e coloração 1+ nos citotrofoblastos e células do estroma. (anti-TdT, x400).

Discussão

Nas placentas, a apoptose está envolvida no desenvolvimento normal, diferenciação, remodelação e no seu processo de envelhecimento (Austgulen et al. 2002). O presente estudo avalia a incidência de apoptose nas placentas de gestações controlo e RCIU idiopático. Em ambos os grupos, a apoptose está mais representada nos sincitiotrofoblastos do que nos citotrofoblastos e nas células do estroma. Isto pode indicar que os sincitiotrofoblastos são mais propensos à morte celular programada do que as suas células progenitoras (citotrofoblastos).

Este estudo mostra que a taxa de apoptose é significativamente mais elevada entre as células da placenta de gravidezes complicadas com RCIU idiopático do que entre as células da placenta de gravidezes normais não complicadas. Estes resultados estão de acordo com Smith et al. (1997); Axt et al. (1999) que demonstraram claramente a distribuição de corpos apoptóticos nos tecidos placentários de gravidezes complicadas com RCIU. No entanto, Kokawa et al. (1998); Smith e Baker (1999) provaram o aumento da taxa de apoptose no tecido placentário de gravidezes complicadas com outros casos que não o RCIU.

A questão mais importante levantada por este estudo é a de saber se o aumento da taxa de apoptose no tecido placentário resulta de um fator etiopatológico que conduz ao RCIU ou de um mecanismo compensatório para o transporte nutricional e as trocas gasosas, de modo a satisfazer as necessidades metabólicas do feto. Como fator etiopatológico, a hipóxia é um conhecido desencadeador de apoptose em diferentes tecidos, incluindo a placenta (Graeber et al. 1996). Isto poderia explicar os nossos resultados de que uma taxa mais elevada de apoptose aparece nas placentas de gravidezes complicadas com RCIU, uma vez que a placenta pode responder ao stress hipóxico aumentando o número de células apoptóticas.

Tem havido controvérsia sobre a localização da apoptose no tecido placentário. No presente estudo, e em consonância com outros estudos (Smith et al. 1997; Nelson 1996), a maioria das células apoptóticas apresenta-se no trofoblasto, particularmente nos sinciciotrofoblastos. Isto pode dever-se ao facto de, no terceiro trimestre, o sinciciotrofoblasto ser mais prevalente e, por sua vez, a taxa de apoptose ser mais elevada. Também, de acordo com os nossos resultados, Smith et al. (1997) provaram que a apoptose é mais prevalente no sinciciotrofoblasto do que no citotrofoblasto na placenta de gravidezes complicadas com RCIU. No entanto, em oposição ao presente estudo, Kokawa et al. (1998) demonstraram a predominância de apoptose no citotrofoblasto em amostras de placenta normal e DiFederico et al. (1999) provaram uma apoptose generalizada de citotrofoblastos na placenta de gravidezes complicadas com pré-eclampsia. Além disso, nos mesmos casos, foi registada uma diminuição da proliferação de citotrofoblastos (Fitzgerald et al., 2011).

O aumento da apoptose no trofoblasto neste estudo pode ser devido ao aumento da secreção de TNF-α ou de outras citocinas que estimulam a apoptose pelas células trofoblásticas, como foi comprovado por Hunt et al. (1992) e Huppertz et al. (1999) em casos de pré-eclâmpsia.

Em conclusão, a taxa de apoptose está aumentada nas placentas de gravidezes complicadas com RCIU. A apoptose é mais abundante nos trofoblastos e pode ter um papel importante na patogénese da placenta de gravidezes complicadas com RCIU.

REFERÊNCIAS

1. Akturk A, Onal ES, Atalay Y, Yurekli M, Erbas D, Okumus N, Turkyilmaz C, Unal S, Ergenekon E, Koc E, Himmetoglu O. Maternal and umbilical venous adrenomedullin and nitric oxide levels in intrauterine growth restriction. J of Maternal-fetal and Neonatal Medicine 2007;20(7):521-5.

2. Austgulen R, Chedwick L, Vogt Isaksen C, Vatten L, Craven C (2002): Trophoblast apoptosis in human placenta at term as detected by expression of a cytokeratin 18 degradation product of caspase. Arch Pathol Lab Med, 126:1480-6.

3. Axt R, Kordina AC, Meyber R, Reitnauer K, Mink D, Schmidt W (1999): Immunohistochemical evaluation of apoptosis in placentae from normal and intrauterine growth-restricted pregnancies. Clin Exp Obstet Gynecol 26:195-198.

4. Bassett JM, Hanson C. Catecholamines inhibit growth in fetal sheep in the absence of hypoxemia. American Journal of Physiology. 1998;274:R1536-1545.

5. Bevilacqua EM, Abrahamsohn PA (1988) Ultrastructure of trophoblast giant cell transformation during the invasive stage of implantation of the mouse embryo. J Morphol. 198:341-51.

6. Biswas S. e Ghosh S.K. (2008): Gross morphological changes of placentas associated with intrauterine growth restriction of fetuses: A case control study. Early Human Development. 84, 357-362.

7. Bocci G, Fasciani A, Danesi R, Viacava P, Genazzani AR, Del Tacca M (2001): In-vitro evidence of autocrine secretion of vascular endothelial growth fator by endothelial cells from human placental blood vessels. Mol. Hum. Reprod. 7:7717.

8. Bower S, Schuchter K, Campbell S (1991) Doppler ultrasound screening as part of routine antenatal scanning: prediction of pre-eclampsia and intrauterine growth retardation. Br J Obstet Gynaecol 98: 871-879.

9. Boyle DW, Lecklitner S e Liechty EA (1996) Effect of prolonged uterine blood flow reduction on fetal growth in sheep American Journal of Physiology 270 R246-R253

10.Bracero LA, Beneck D, Kirshenbaum N, Peiffer M, Stalter P, Schulman H (1989) Doppler velocimetry and placental disease. Am J Obstet Gynecol 161:388392.

11.Briana DD, Malamitsi-Puchner A (2009): Intrauterine growth restriction and adult disease: the role of adipocytokines. Eur J Endocrinol. 160(3):337-47.

12.Brosens IA (1977) Morphological changes in the utero-placental bed in pregnancy hypertension. Clin Obstet Gynecol 4:573-593.

13. Campbell S, Pearce JM, Hackett G, Cohen-Overbeek T, Hernandez C.

Qualitative assessment of uteroplacental blood flow: early screening for test for high-risk pregnancies (1986) Obstet Gynecol 68:649-653.

14.Chen G, Wilson R, Wang SH, Zheng HZ, Walker JJ, McKillop JH. TNF-α gene polymorphism and expression in preeclampsia. Clin Exp Immunol. 1996; 104: 154-9.

15. Chen HL, Yang Y, Hu XL, Yelavarthi KK, Fishback JL e Hunt JS (1991): Tumor necrosis fator alpha mRNA and protein are present in human placental and uterine cells at early and late stages of gestation. Am. J. Pathol. 139, 327-335.

16.Cheung BM, Lau CS, Leung RY, Tong KK, Kumana CR. Plasma adrenomedullin level in systemic lupus erythematosus. Rheumatology 2000;39:804- 5.

17. Choi HK, Choi BC, Lee SH, Kim JW, Cha KY, Baek KH (2003): Expression of angiogenesis- and apoptosis-related genes in chorionic villi derived from recurrent pregnancy loss patients.

18.Claude G, Steven GS (1985) Pathology in gynaecology and obstetrics. Philadelphia : JB Lippincott Company 3:448-97.

19.Cormier-Regard S., Nguyen S.V., Claycomb W.C. (1998) Adrenomedullin gene expression is developmentally regulated and induced by hypoxia in rat ventricular cardiac myocytes.J. Biol. Chem. 273 17787-17792.

20.Cunningham FG, Leveno KJ, Bloom SL, Hauth JC, Rouse DJ, Spong CY. (2010). Distúrbios do volume do líquido amniótico. In: Williams Obstetrics (23ª edição, pp.490-499). Nova Iorque: McGraw-Hill Medical Publishing Division.

21.De Onis M, BlOssner M, Villar J. (1998): Levels and patterns of intrauterine growth retardation in developing countries. Eur J Clin Nutr ;52:S5-15.

22.Di Iorio R, Marinoni E, Letizia C, Gazzolo D, Lucchini C, Cosmi EV (2000) Adrenomedullin is increased in the fetoplacental circulation in intrauterine growth restriction with abnormal umbilical artery waveforms. Am J Obstet Gynecol;182:650-4.

23.Di Iorio R, Marinoni E, Letizia C, Cosmi EV (2003) Adrenomedullin in prenatal medicine. Regul Pept;112:103-113.

24.DiFederico E, Genbacev O, Fisher SJ (1999): Preeclampsia is associated with widespread apoptosis of placental cytotrophoblasts within the uterine wall. Am J Pathol155:293-301.

25.Donald W, Li MH, Dakour J, Kaufman S, Guilbert LJ, Lowen BW (2003): Adrenomedullin Is Decreased in Preeclampsia Because of Failed Response to Epidermal Growth Fator and Impaired Syncytialization, Hypertension, 42;895-900.

26.Dudley DJ, Trautman MS, Araneo BA, Edwin SS & Michell MD. (1992): Biossíntese de células decíduas de interleucina-6: regulação por citocinas inflamatórias. Journal of Clinical Endocrinology and Metabolism, 74 884-889.

27 Edmund R, Novak, Woodruff J, Donald (1979) Gynecologic and obstetric Pathology, 8th ed., Londres: W.B Saunder. Londres: W.B Saunder. 585-627.

28. Egbor M, T. Ansari T, Morris N, Green CJ e Sibbons PD (2006) Preeclampsia and Fetal Growth Restriction: How Morphometrically Different is the Placenta? Placenta 27, 727e734.

29.Fitzgerald B, Levytska K, Kingdom J, Walker M, Baczyk D, Keating S (2011): Villous trophoblast abnormalities in Extremely pretermDeliveries with elevated second trimester maternal serum hCG or Inhibin-A. Placenta. 32(4):339-45.

30.Fox H. Macroscopic abnormalities of the placenta (1997) In Pathology of the Placenta, FoxH (ed.). W. B. Saunders: London, UK 102-150.

31.Gagnon R, Murotsuki J, Challis JR, Fraher L, Richardson BS. Fetal sheep endocrine responses to sustained hypoxemic stress after chronic fetal placental embolization. American Journal of Physiology. 1997;272:E817-823.

32.Garcia-Lloret MI, Yui J, Winkler-Lowen B, Guilbert LJ (1996) Epidermal growth fator inhibits cytokine-induced apoptosis of primary human trophoblasts. J Cell Physiol. 167:324-332.

33.Giles WB, Trudinger BJ, Baird PJ (1985) Fetal umbilical artery flow velocity wavelengths and placental resistance: pathological correlation. Br J Obstet Gynaecol 92:31-38.

34.Gill RM e Hunt JS (2004): O recetor solúvel (DcR3) e o inibidor celular da apoptose-2 (cIAP-2) protegem as células citotrofoblásticas humanas contra a apoptose mediada pela LUZ. Am. J. Pathol. 165, 309-317.

35. Gill RM, Ni J e Hunt JS (2002): Differential expression of LIGHT and its receptors in human placental villi and amniochorion membranes. Am. J. Pathol. 161, 2011-2017.

36.Graeber TG, Osmanian C, Jacks T, Housman DE, Koch CJ, Lowe SW et al. (1996): Hypoxia-mediated selection of cells with diminished apoptotic potential in solid tumors. ature379:88-91.

37. Grimble RF. Inflammatory status and insulin resistance. (2002): Current Opinion in Clinical Nutrition and Metabolic Care 5:551-559.

38.Hadlock FP, Shah YP, Kanon DJ, Lindsey JV (1992) Fetal crown-rump length: reevaluation of relation to menstrual age (5e18 weeks) with high resolution real-time US. Radiology. 182:501-5.

39. Haider S, KnOfler M (2009) Human tumor necrosis fator: physiological and pathological roles in placenta and endometrium. Placenta. 30:111-123

40.Hailman et al., 1996: Hailman, E., Albers, J.J., Wolfbauer, G., Tu, A.Y., e Wright, S.D., 1996, "Neutralisation and transfer of lipopolysaccharide by proteína de transferência de fosfolípidos. " J Biol Chem. S.12172-12178.

41.Hampl V, Bibova J, Stranak Z, Wu X, Michelakis ED, Hashimoto K, Archer SL (2002) Hypoxic fetoplacental vasoconstriction in humans is mediated by potassium channel inhibition. Am J Physiol Heart Circ Physiol 283:H2440-H2449.

42. Heyborne KD, Witkin SS, McGregor JA. Tumor necrosis fator alpha in midtrimester amniotic fluid is associated with impaired intrauterine fetal growth. Am J Obstet Gynecol 1992;167:920-5.

43. Hinson JP, Kapas S, Smith DM. (2000): Adrenomedullin, a multifunctional regulatory peptide. Endocr Rev.; 21:138-167.

44.Hitschold T, Weiss E, Beck T, Hunterfering H, Berle P (1993) Low target birth weight or growth retardation? Formas de onda de velocidade de fluxo Doppler umbilical e análise histométrica da árvore vascular fetoplacentária. Am J Obstet Gynecol 168:1260-1264.

45.Holcberg G, Huleihel M, Sapir O, Katz M, Tsadkin M, Furman B, Mazor M, e Myatt L. (2001): "Increased production of tumor necrosis fator-alpha by IUGR human placentae". European Journal of Obstetrics and Gynecology. Reproductive Biology. 94:69-72.

46.Hung TH, Charnock-Jones DS, Skepper JN, Burton GJ (2004) Secretion of tumor necrosis fator-alpha from human placental tissues induced by hypoxiareoxygenation causes endothelial cell activation in vitro: a potential mediator of the inflammatory response in preeclampsia. Am J Pathol. 164:1049-6.

47. Hunt J.S, Atherton R.A, Pace J.L. (1990): "Differential responses of rat trophoblast cells and embryonic fibroblasts to cytokines that regulate proliferation and class 1 MHC antigen expression." Journal of Immunology 145:184-191,.

48.Hunt JS, Chen H, Hu X, Pollard JW (1993) Normal distribution of tumor necrosis fator-a messenger ribonucleic acid and protein in the uteri, placentas, and embryos of osteopetrotic (op/op) mice lacking colony stimulating fator-1. Biol Reprod. 49:441-452

49. Hunt JS, Chen HL e Miller L (1996): Tumor necrosis factors: pivotal components of pregnancy? Biol. Reprod. 54, 554-562.

50.Hunt JS, Chen HL, Hu XL, Tabibzadeh S (1992) Tumor necrosis fator-alpha messenger ribonucleic acid and protein in human endometrium. Biol Reprod. 47:1417.

51.Huppertz B, Frank HG, Kaufmann P (1999): The apoptosis cascade-morphological and immunohistochemical methods for its visualization. Anat Embryol

(Berl);200:1-18.

52.Huppertz B, Frank HG, Kingdom JC, Reister F, Kaufmann P (1998): A regulação do citotrofoblasto viloso da cascata apoptótica sincicial na placenta humana. Histochem Cell Biol, 110:495-508.

53.Jackson MR, Walsh AJ, Morroe RJ, Mullen JB, Lye SJ, Ritchie JW (1995) Reduced placental villous tree elaboration in small for gestational age pregnancies: relationship with umbilical artery Doppler waveforms. Am J Obstet Gynecol 172:518-525.

54.Johnson MR, N. Anim-Nyame, P. Johnson, S. R. Sooranna, e P. J. Steer, "Does endothelial cell activation occur with intrauterine growth restriction?" British Journal of Obstetrics and Gynecology, vol. 109, no. 7, pp. 836-839, 2002.

55.Jougasaki M, Burnett JC Jr. Adrenomedullin: Potential in physiology and pathophysiology. Life Sci 2000;66:855-72.

56.Kiernan JA (1999) Histological and Histochemical methods: Theory and practice. 3ed. Butterworth-Heinemann: Oxford.

57.King A, Jokhi PP, Smith SK, Sharkey AM, Loke YW (1995) Screening for cytokine mRNA in human villous and extravillous trophoblasts using the reversetranscriptase polymerase chain reaction (RT-PCR). Cytokine. 7:364-71.

58.Kokawa K, Shikone T, Nakano R (1998): Apoptosis in human chorionic villi and decidua during normal embryonic development and spontaneous abortion in the first trimester. Placenta 19:21-6.

59. Lachapelle MH, Miron P, Hemmings R, Falcone T, Granger L, Bourque J, Langlais J (1993) Embryonic resistance to tumor necrosis fator-a mediated cytotoxicity: novel mechanism underlying maternal immunological tolerance to the fetal allograft. Hum Reprod. 7:1032-1038.

60. Lena M, John CPK, Gaby K, Adrian W, Bowman, Peter K. (1995) Elaboração de vasos vilosos estaminais em gravidezes de crescimento limitado com formas de onda de Doppler da artéria umbilical anormais. Br J of Obstet Gynaecol. 102:807-12.

61.Li H, Dakour J, Kaufman S, Guilbert LJ, Winkler-Lowen B, Morrish DW. Adrenomedullin Is Decreased in Preeclampsia Because of Failed Response to Epidermal Growth Fator and Impaired Syncytialization. Hypertension 2003;42:895.

62. Lyall F, Bulmer JN, Kelly H, Duffie E, Robson SC (1999) Human trophoblast invasion and spiral artery transformation: the role of nitric oxide. Am J Pathol. 154:1105-1114.

63.Macara L, Kingdom JC, Kaufmann P, Kohnen G, Hair J, More IA, Lyall F, Greer IA (1996) Structural analysis of placental terminal villi from growth-restricted pregnancies with an anormal umbilical artery Doppler waveforms. Placenta 17:37-48.

64.Macara L, Kingdom JCP, Kohnen G, Bowman AW, Greer IA, Kaufman P (1995) Elaboration of stem villous vessels in growth restricted pregnancies with abnormal umbilical artery Doppler waveforms. Br J Obstet Gynaecol 102:807-812.

65.Marinoni E, Pacioni K, Sambuchini A, Moscarini M, Letizia C, Di Iorio R (2011): Regulação por hipóxia da produção e expressão de adrenomedulina em células trofoblásticas humanas. European Journal of Obstetrics & Gynecology and Reproductive Biology;154: 146-150

66.Mayhew TM, Ohadike C, Baker PN, Crocker IP, Mitchell C, Ong SS (1999) Stereological investigation of placental morphology in pregnancies complicated by pre-eclampsia with and without intrauterine growth restriction. Placenta 24:219e26.

67.Mayhew TM, Wijesekara J, Baker PN, Ong SS (2004) Morphometric evidence that villous development and fetoplacental angiogenesis are compromised by intrauterine growth restriction but not by preeclampsia. Placenta 25:829-33.

68.Mayhew, T.M., 2002. Fetoplacental angiogenesis during gestation is biphasic, longitudinal and occurs by proliferation and remodeling of vascular endothelial cells. Placenta. 23, 742-50.

69.Mayhew, T.M., Sorensen, F.B., Klebe, J.G., Jackson, M.R., 1994. Growth and maturation of villi in placentae from well-controlled diabetic women. Placenta. 15, 57-65.

70.McCowan LM, Mullen BM, Ritchie K (1987) Umbilical artery flow velocity waveforms and the placental vascular bed. Am J Obstet Gynecol 157:900-902.

71. Meekins JW, McLaughlin PJ, West DC, McFadyen IR, Johnson PM. Endothelial cell activation by tumour necrosis fator-alpha (TNF-alpha) and the development of pre-eclampsia. Clin Exp Immunol. 1994; 98: 110-4.

72.Meisser A, Cameo P, Islami D, Campana A & Bischof P. (1999): Efeitos da interleucina-6 (IL-6) em células citotrofoblásticas. Molecular Human Reproduction, 5:1055-1058.

73. Murotsuki J, Challis JRG, Han VKM, Fraher J e Gagnon R (1997) A embolização crónica da placenta fetal e a hipoxemia causam hipertensão e hipertrofia do miocárdio em ovinos fetais American Journal of Physiology 272 R201-R207

74.Myatt L, Brewer A, Brockman D (1991) The action of nitric oxide in the perfused human fetal-placental circulation. Am J Obstet Gynecol 164:687-692.

75.Nakatsuka M, Habara T, Noguchi S, Konishi H, Kudo T (2003). Aumento da adrenomedulina plasmática em mulheres com perda recorrente da gravidez. Obstetrics and gynecology;102:319-24.

76.Nawroth P.P, Stern D.M. (1986): "Modulação das propriedades hemostáticas das células endoteliais pelo fator de necrose tumoral". Journal of Experimental Medicine 163:740-745.

77.Odegard RA, Vatten LJ, Nilsen ST, Salvesen KA, Vefring H, Austgulen R. Umbilical cord plasma interlukin-6 and fetal growth restriction in preeclampsia: a prospective study in Norway. Obstetrics & gynecology 2001;98:289-94.

78.Opsjon SL, Austgulen R, Waage A. Interleukin-1, interleukin-6 and tumor necrosis fator at delivery in preeclamptic disorders. Ata Obstet Gynecol Scand 1995;74:19-26.

79.Phillips TA, Ni J e Hunt JS (2001): Os ligandos e receptores da superfamília do fator de necrose tumoral (TNF) indutores de morte são transcritos em placentas humanas, citotrofoblastos, macrófagos placentários e linhas celulares placentárias. Placenta 22, 663672.

80.Pijnenborg R, McLaughlin PJ, Vercruysse L, Hanssens M, Johnson PM, Keith Jr JC, et al. (1998): Immunolocalization of tumor necrosis fator-alpha (TNF alpha) in the placental bed of normotensive and hypertensive human pregnancies. Placenta; 19:231-9.

81.Raymond W, Redline (2007) Villitis of unknown etiology: noninfectious chronic villitis in the placenta. Patologia Humana 38:1439-1446.

82. Rivera-Quinoes, C., McGavern, D., Schmelzer, J.D., Hunter, S.F. Low, P.A., Rodriguez, M., 1998. Ausência de défices neurológicos após extensa desmielinização num modelo murino de esclerose múltipla com deficiência de classe I. Nat. Med. 4, 187.

83. Roberts JM e Cooper DW (2001): Pathogenesis and genetics of preeclampsia. Lancet, 357:53-6.

84.Salafia CM, Vintzileos AM, Silberman L, Bantham KF, Vogel CA (1992) Placental pathology of idiopathic intrauterine growth retardation at term. Am J Perinatol 9(3):179-84.

85.Schiff E, Friedman SA, Baumann P, Sibai BM, Romero R. Tumor necrosis fator-alpha in pregnancies associated with preeclampsia or small-for-gestational-age newborns. Am J Obstet Gynecol 1994;170:1224-9.

86.Sebire NJ (2003) Umbilical artery Doppler revisited: pathophysiology of changes in intrauterine growth restriction revealed Ultrasound. Obstetrics & Gynecology, 21:419-422.

87.Sebire NJ, Goldin RD, Regan L (2001) Histomorfological evidence for chronic vasoconstriction of placental stem vessels in pregnancies with intrauterine growth restriction and abnormal umbilical artery. Índices de velocimetria Doppler J Pathol 195:19A.

88.Sebire NJ, Talbert D (2002) The role of intraplacental vascular smooth muscle in the dynamic placenta: a concetual framework for understanding uteroplacental disease. Med Hypotheses 58:347-351.

89.Seremak-Mrozikiewicz A, Dubiel M, Drews K, Gudmundsson S, Mrozikiewicz PM (2008): TNF-alpha gene polymorphism and fetal Doppler velocimetry in intrauterine growth restriction. Neuro Endocrinol Lett. 29(4):493-9.

90.Simmons DG, Fortier AL, Cross JC (2007) Diverse subtypes and developmental origins of trophoblast giant cells in the mouse placenta. Dev Biol. 304:567-578.

91.Smith SC, Baker PN (1999): Placental apoptosis is increased in post-term pregnancies. Br J Obstet Gynecol106:861-862.

92.Smith SC, Baker PN, Symonds EM (1997): Aumento da apoptose placentária na restrição de crescimento intrauterino. Am J Obstet Gynecol 177:1395-1401.

93.Smith SC, Baker PN, Symonds EM (1997): Placental apoptosis in normal human pregnancy. Am J Obstet Gynecol, 177:57-65.

94.Stallmach T, Hebisch G, Joller H, Kolditz P, Engelmann M (1995) Expression pattern of cytokines in the different compartments of the feto-maternal unit under various conditions. Reprod Fertil Dev. 7:1573-80.

95.Stonestreet BS, Widness JA, Berard DJ. Circulatory and metabolic effects of hypoxia in the hyperinsulinemic ovine fetus. Pediatr Res. 1995 Jul;38(1):67-75.

96.Street ME, Seghini P, Fieni S, Ziveri MA, Volta C, Martorana D, Viani I, Gramellini D, Bernasconi S. Alterações na interleucina-6 e no sistema IGF e suas relações na placenta e no sangue do cordão umbilical em recém-nascidos com restrição do crescimento fetal em comparação com controlos. European Journal of Endocrinology 2006;155:(4):567-574.

97.Sur M, AlArdati H, Ross C e Alowami S (2007): TdT expression in Merkel cell carcinoma: potential diagnostic pitfall with blastic hematological malignancies and expanded immunohistochemical analysis. Patologia Moderna 20, 1113-1120

98.Tinkanen H, Rorarius M, Metsa-Ketela T. Catecholamine concentrations in venous plasma and cerebrospinal fluid in normal and complicated pregnancy. Gynecol Obstet Invest. 1993;35(1):7-11.

99.Tomasa SZ, Rojeb D, Prusacc IK, Tadind I, Capkunb V (2010) Morphological characteristics of placentae associated with idiopathic intrauterine growth retardation: a clinicopathologic study. European Journal of Obstetrics & Gynecology and Reproductive Biology (Jornal Europeu de Obstetrícia e Ginecologia e Biologia

Reprodutiva). 152(1):39-43.

100. Tosun M, Celik H, Avci B, Yavuz E, Alper T, Malatyalioglu E (2010): Níveis séricos maternos e umbilicais de interleucina-6, interleucina-8 e fator de necrose tumoral-alfa em gravidezes normais e em gravidezes complicadas por pré-eclampsia. J Matern Fetal Neonatal Med. 23(8):880-6.

101. Upton P.D., Austin C., Taylor G.M., Nandha K.A., Clark A.J.L., Ghatei M.A., Bloom S.R., Smith D.M. Expression of adrenomedullin (ADM) and its binding sites in the rat uterus: increased number of binding sites and ADM messenger ribonucleic acid in 20-day pregnant rats compared with nonpregnant rats. Endocrinology. 1997;138:2508-2514.

102. Villar J, Carroli G, Wojdyla D, Abalos E, Giordano D et al. (2005): para Organização Mundial de Saúde Cuidados pré-natais.

103. Villar J. Ezcurra EJ, Gurtner de la Fuente V & Campodonico L (1994): Síndrome do parto pré-termo: a necessidade não satisfeita In New Perspectives for the effective treatment of pre-term labor: an international consensus. Research and Clinical Forums; 16, pp 9-38.

104. Vince G, Shorter S, Starkey P, Humphreys J, Clover L, Wilkins T, et al. (1992): Localização da produção do fator de necrose tumoral nas células da interface materno/fetal na gravidez humana. Clin Exp Immunol. 88:174-80.

105. W.H.O. (1995) Relatório do Comité de Peritos: Physical status: the use and
interpretação da antropometria. Relatório Técnico Série 854. Genebra: Organização Mundial de Saúde.

106. Wang L, Du F, Wang X (2008) O TNF-alfa induz duas caspase-
8 vias de ativação. Cell. 133:693-703.

107. Williams RL, Creasy RK, Cunningham GC, Hawes WE, Norris FD, Tashiro M (1982) Fetal growth and perinatal viability in California (Crescimento fetal e viabilidade perinatal na Califórnia). Obstet Gynecol 59:624-32.

108. Wride MA, Sanders EJ (1995) Potential roles for tumour necrosis fator-α durante o desenvolvimento embrionário. Anat Embryol. 191:1-10.

109. Yang Y, Yelavarthi KK, Chen HL, Pace JL, Terranova PF, Hunt JS (1993) Molecular, biochemical, and functional characteristics of tumor necrosis fator-alpha produced by human placental cytotrophoblastic cells. J Immunol. 150:5614-24.

110. Yelavarthi KK, Hunt JS (1993) Análise das proteínas de necrose tumoral p60 e p80
RNA mensageiro e proteína do recetor do fator A em placentas humanas. Am J Pathol.

143:1131-1141.

111. Yu X, Wang L, Yan C, Li X (2007) Expressão e localização de proteína do recetor 1 do fator de necrose tumoral nas vilosidades coriónicas em abortos precoces normais e espontâneos. Europ J Obstet Gynecol Reprod Biol. 132: 58-63.

112. Yui J, Garcia-Lloret M, Wegmann TG, Guilbert LJ (1994) Cytotoxicity do fator de necrose tumoral alfa e do interferão-gama contra os trofoblastos primários da placenta humana . Placenta. 15:819-835.

113. Zhang W, Wang L, Liu L. O estudo dos níveis de norepinefrina e dopamina-beta-hidroxilase em pacientes com hipertensão induzida pela gravidez. Zhonghua Yi Xue Za Zhi (Taipei). 2001 Jun;64(6):351-6.

Printed by Books on Demand GmbH, Norderstedt / Germany